박 회계사처럼

공모주
투자하기

초저금리 시대의 가장 확실한 재테크, 공모주 투자의 모든 것

박 회계사처럼
공모주
투자하기

전면개정판

박동흠 지음

트로이목마
TROJAN HORSE

머리말

저금리 시대의 가장 확실한
평생 재테크, 공모주 투자

SK바이오팜의 성공적인 상장이 많은 투자자들의 가슴을 설레게 했다. 이에 본격적으로 공모주 투자의 세계에 들어오려는 투자자들이 많아졌다.

국내 거의 유일한 공모주 투자 지침서인 이 책이 출간된 지 벌써 5년이나 지났음에도 불구하고 최근에 많이 팔린다는 소식에 저자로서 가슴 아프고 부끄러웠다. 그래서 부리나케 전면개정판을 쓰게 되었다.

이 책은 지난 14년 동안 상장을 위해 나온 모든 공모주 투자설명서를 분석하고 투자했던 필자의 노하우와 IPO(기업공개) 기업에 회계 컨설팅을 담당했던 실무 경험을 반영해 완성했다.

갈수록 낮아지는 금리와 저성장 시대가 장기화되면서, 여전히 어렵지만 재테크는 반드시 해야 하는 일이 되어 버렸다.

경제활동을 시작하는 2030세대, 한참 사회생활을 하면서 종잣돈(seed money)을 목돈으로 불려야 하는 3040세대, 그리고 많지 않은 퇴직금을 가지고 세상에 나와야 하는 5060세대 모두 돈에 대한 고민이 클 수밖에 없다. 재테크의 가장 기본은 자산을 지키는 일이고, 수익을 내는 것은 그다음 문제다. 하지만 가장 기본인 자산을 지키는 일조차 쉽지 않은 상황일 뿐만 아니라 욕심이 앞서다가 손실을 보는 경우가 부지기수다. 재테크는, '대박'이라는 환상을 좇는 것이 아니고, 안정적으로 자산을 지키면서 부지런히 지속적으로 불려나가는 것이다. 오마하의 현인 워런 버핏도 그러지 않았는가! "투자의 제1원칙은 '잃지 않는 것'이요, 투자의 제2원칙은 '제1원칙을 기억하는 것'"이라고!

필자는 2007년 무렵부터 공모주에 눈을 돌렸다. 2003년부터 주식투자를 했지만, 공모주를 시작한 것은 2007년부터였다. 공모주 투자에 대한 공부 기간도 필요했고, 어느 정도의 종잣돈도 마련해야 했기 때문에 조금 늦어졌다. 그후 처음 청약한 STX팬오션 공모주 투자에 성공하면서부터 본격적으로 뛰어들게 되었다.

돌이켜보면 공모주 투자는 내가 가지고 있는 종잣돈이 많으면 많을수록 좋은데, 마이너스통장이나 보험약관대출 등 다른 여러 자금조달 방법이 있음에도 불구하고 너무 소극적으로 대응했던 것이 아닌가 하는 후회도 든다.

그렇다고 이 책에서 빚을 권하거나 무리해서 투자하라고 말하는 것은 절대 아니다. 공모주를 청약하기 위해 들어가는 자금은 2일 동안만 묶이고 대부분 청약자금이 환급되기 때문에 생각을 유연하게 해야 함을 강조하는 것이다. 이런 공모주 투자의 흐름을 이해하지 못하면 소위 주식으로 집안 말아먹을 사람이라는 오해를 받기 딱 좋다.

필자 역시 마이너스통장과 보험약관대출 등을 이용한 지 불과 9년 정도밖에 안 됐고, 그전까지는 얼마 있지도 않은 자금으로만 청약하느라 더 많은 수익을 거둘 기회를 놓쳤었다.

14년째 공모주 투자를 하면서 내린 결론은, 조급하지 않고 부지런하게 투자하여 작은 이익에 만족하다 보면 어느새 목돈이 쌓인다는 것이다. 즉, '부지런함'과 '작은 성과에 대한 감사함'은 공모주 투자자가 갖춰야 할 필수 덕목이다.

언제, 어느 증권사에서 어떤 기업의 주식을 청약하는지, 언제 환불받고 상장은 언제 하는지는 기본적으로 알아야 하고, 청약에 필요한 증권사의 계좌를 만들어야 한다. 또한 기업을 철저하게 분석하여 공모주에 청약을 할지 말지 결정해야 하므로 전자공시시스템(http://dart.fss.or.kr)이나 증권사에서 제공하는 '투자설명서'를 꼼꼼히 읽어 봐야 한다.

작은 규모의 기업이 상장을 진행할 때는 개인투자자에게 배정되는 주식 수량이 적은 편이고, 기업가치 대비 싼 가격으로 공모가격이 책정되면 경쟁률은 더 높아지게 된다. 경우에 따라서는 10주 미만, 10만 원어치 주식을 배정받기 위해 수천만 원을 증거금으로 내야 할 때도 부지기수다. 이런 경우 수익률이 아무리 높아도 수익금 자체가 적기 때문에 실망할 수 있다. 그러나 2일 동안 자금이 묶이는 대가로 수익을 얻는 것이기 때문에 자본시장에 감사해야 한다. 이런 작은 수익들이 쌓이다 보면 어느덧 '티끌 모아 태산'이 된다.

필자는 매년 1년간의 공모주 투자 내역을 정리해 연말에 결산하는데, 14년간 썼던 투자일기를 살펴보니 공모주 투자로 목돈을 모을 수 있었음을 알게 되었다. SK바이오팜처럼 규모가 큰 기업에 투자하여 발생한 수익이 목돈을 만드는 데 크게 기여한 것은 분명 맞지만, 오랜 기간 작은 기업에서 발생한 작은 수익들도 태산을 만들게 해준 소중한 티끌이었다.

저금리, 저성장 시대를 살면서 이제는 예전처럼 재테크로 대박을 꿈꾸기 힘들어졌다. '이것 한 번 대박 맞고 이 바닥 뜬다'는 마인드는 재테크가 아닌 실패 확률이 큰 투기에 불과할 뿐이다. 거듭 강조하지만 재테크에서 가장 중요한 것은 원금을 잃지 않고, 안정적으로 현금 창출을 가능하게 하는 방법을 터득하여 오랫동안 가외로 돈을 버는 것이다.

이 책은 기업공개의 개념부터 개인투자자로서 가능한 자금조달 방법, 투자설명서 보는 방법, 청약하는 방법, 매도하는 방법 등 공모주 투자에 관한 A부터 Z까지 모든 것을 담았다. 누구나 이 책을 통해 공모주 투자법을 이해할 수 있을 것이고, 공모주 투자로 짧은 시간 동안 안정적인 수익을 거둘 수 있다는 것을 알게 될 것이다.

또한 개정판을 쓰면서 기존의 스팩(SPAC) 투자 외에 한창 상장 추진 중인 리츠(REITs) 상품과 전환사채(CB) 투자에 대한 내용을 추가했다. 롯데리츠나 NH프라임리츠 공모주 청약으로 많은 수익을 냈고, 현대로템 전환사채를 통해 큰 수익이 발생했다.

리츠(REITs)와 전환사채(CB)는 시대적 흐름이므로 이번 기회에 확실히 알아두고 좋은 투자 기회가 올 때 반드시 잡기 바란다.

운영 중인 필자 블로그(http://blog.naver.com/donghm)는 계속 회

계, 투자와 관련된 소통의 창이 될 것이며, 기업 분석, 공모주 분석, 뉴스와 회계 등 다양한 글을 지속적으로 올릴 예정이니 책을 읽은 후에 궁금한 사항이 있으면 언제든지 질문을 올려주기 바란다.

2020년 하반기 공모주 시장을 대비하며

박동흠

차례

Part 4 박 회계사의 공모주 투자 사례

맺음말

Part 1
공모주란 무엇인가?

왜 공모주 투자를
해야 하는가?

공모주 투자에 대해 저위험/저수익, 중위험/중수익 등 다양한 이견이 있지만, 그간의 투자 경험을 바탕으로 내린 필자의 결론은 '저위험/중수익'이다. 물론 사람마다 높고 낮음에 대한 감은 다르겠지만, 필자는 중위험보다는 저위험으로, 저수익보다는 중수익 정도로 평가하고 싶다.

공모주란 '기업이 주식시장에 상장하기 위해 외부에 기업을 공개하고, 주주에게 투자를 받고 반대급부로 나누어주는 주식'으로 정의할 수 있다. 누구나 증권계좌만 있으면 청약이 가능하고, 회사의 주주가 될 수 있다. 정의와 절차에 대해서는 추후에도 계속 설명을 하겠지만, 왜 공모주 투자를 해야 하는지에 대한 대답은, 최근 1년 반 동안의 공모주 수익률 통계와 필자의 최근 10년간 공모주 투자 손익계산서로 답할 수 있을 것 같다.

[표1]에서 보듯, 2019년부터 2020년 상반기까지 총 90개사(스팩(SAPC) 제외)가 기업공개를 통해 공모주를 발행했으며, 대체로

33%에 달하는 시초가 수익률을 보였다. 주식투자에서 10%의 수익률만 달성해도 투자를 잘한다고 말할 수 있는데, 무려 33%나 되는 수익률을 보인다고 하면 투자자들에게 충분히 매력적인 도전이라 할 수 있을 것이다.

표1 **2019년~2020년 상반기 공모주 수익률 요약**

[2019~2020년 상반기 공모주 수익률(신규 상장기업 90개사, 스팩 제외)]

- 시초가 평균수익률 33% – 공모주 상장일의 시초가에 모두 매도했을 때 수익률
- 상장일 종가 평균수익률 35% – 상장일 종가에 모두 매도했을 때 수익률
- 시초가 수익 종목 – 71개(79%) / 시초가 손실 종목 – 19개(21%)
- 상장일 종가 수익 종목 – 66개(73%) / 상장일 종가 손실 종목 – 24개(27%)

〔표1〕에서 보는 것처럼 시초가부터 손실이 나오는 종목도 90개 중 19개나 되기 때문에 모든 공모주에 청약하는 것을 권장하지는 않는다. 필자 역시 투자설명서를 분석하며 옥석 가리기를 한다. 전망이 좋지 않은 업종도 있고, 최근에 실적이 꺾인 기업도 있고, 매도 대기 중인 유통주식수가 너무 많아서 상장일부터 거센 매도세에 주가가 적정가 이하로 떨어질 수도 있기 때문이다.

이로 인해 필자는 2019년부터 2020년 상반기까지 신규 상장 90개사 중 35개사에만 청약을 하였고, 3개 기업에서 작은 손실을 본

것을 제외하고는 모두 이익을 실현했다. 실현수익률은 평균 67%를 기록했으니 위의 표보다는 나은 성적을 냈으며, 최근 10년간 필자의 공모주 수익률은 〔표2〕와 같다.

표2 **2011년부터 2020년 7월까지 박 회계사의 공모주 수익률**

연도	수익률
2011년	37.2%
2012년	71.2%
2013년	44.3%
2014년	74.6%
2015년	44.6%
2016년	42.2%
2017년	23.3%
2018년	38.9%
2019년	38.5%
2020년 7월	146.3%
최근 10년간 수익률 계	561.1%
최근 10년간 평균수익률	56.1%

청약으로 자금이 묶이는 2일간의 이자 비용이 원금이고, 매도했을 때 발생하는 차익이 수익이라는 개념으로 접근한다면, 수익률은 수백 퍼센트에 달한다고 해도 과언이 아니다.

단, 공모주 청약을 위해 투입한 증거금 평균과 투자수익을 비교하면 아주 높은 수익률은 아니다. 계산해보면 대략 5%를 초과한다. 그래도 평균 증거금을 예금, 적금에 넣어두는 것보다는 높은 수익률이기 때문에 큰 위험 부담없이 안정적으로 돈을 굴릴 수 있는 투자처임에는 분명하다.

보통의 주식투자와는 달리, 공모주에 많은 돈을 청약해도 높은 경쟁률로 인해 배정받는 수량이 많지 않기 때문에 공모주 투자는 일확천금의 대박을 꿈꾸는 재테크가 아님을 분명히 밝힌다.

그러나 필자가 공모주 투자의 세계에 입문한 2007년 이래 14년간의 세월을 돌아보면 그 꾸준한 투자로 인해 결국 적은 수익들이 모여 목돈을 만들어냈음을 알게 되었다.

공모주 투자에 대해 저위험/저수익, 중위험/중수익 등 다양한 이견이 있지만, 그간의 투자 경험을 바탕으로 내린 필자의 결론은 '저위험/중수익'이다. 물론 사람마다 높고 낮음에 대한 감은 다르겠지만, 필자는 중위험보다는 저위험으로, 저수익보다는 중수익 정도로 평가하고 싶다.

그 이유는 다음과 같다. 투자설명서와 뉴스 등 여러 참고자료를 토대로 상장되는 기업을 분석한 후 투자하면, 중위험에서 저위험으로 낮출 수 있다. 공모주가 상장할 때 대부분 공모가액을 상회하여 시초가를 형성하면서 수익을 안기는 경우가 많지만, 가끔 공모가액을 하회하여 시초가를 형성하면서 하한가로 직행하는 경우도 있다. 따라서 완전 무위험은 아니고, 경우에 따라 중위험이 될 수도 있지만, 투자설명서를 분석하여 선별적으로 투자하면 저위험까지 낮출 수 있다.

또 시중 예금금리나 코스피지수 상승률과 비교하여 높은 이익률을 보이므로 고수익이라고 표현해도 무리는 아닐 것이다. 그러나 앞서 설명한 대로 높은 경쟁률로 인해 배정받는 수량이 많지 않기 때문에 수익률은 높아도 수익금 자체가 아주 크지는 않다. 따라서 고수익보다는 중수익이라는 표현이 적합할 것이고, 지금과 같은 저금리, 저성장 시대에 짧은 기간 동안 높은 수익률을 보이므로 "요즘 시대에 이보다 더 좋은 재테크 방법은 없다!"라고 과감히 말할 수 있겠다.

기업공개(IPO)란
무엇인가?

투자자 입장에서는 공모주 청약이라고 하지만, 기업 입장에서는 '기업공개(IPO, Initial Public Offering)'라고 한다. 창업자 및 투자자 몇몇 주주의 자금으로 세우고 키운 회사를 일반 대중에게 공개하고 그들로부터 자본을 조달받는 것이다. 즉 공모(공개모집)라는 절차를 통해 개인 및 기관투자자에게 투자자금을 받고 회사의 발행주식을 나누어주고, 이 주식은 상장되어 주식시장에서 자유롭게 거래가 되는 것이다.

투자자 입장에서는 공모주 청약이라고 하지만, 기업 입장에서는
'기업공개(IPO, Initial Public Offering)'라고 한다. 창업자 및 투자자
몇몇 주주의 자금으로 세우고 키운 회사를 일반 대중에게 공개하
고 그들로부터 자본을 조달받는 것이다. 즉 공모(공개모집)라는
절차를 통해 개인 및 기관투자자에게 투자자금을 받고 회사의 발
행주식을 나누어주고, 이 주식은 상장되어 주식시장에서 자유롭
게 거래가 되는 것이다.

　숨어 있는 우량 비상장기업이 기업공개를 통해 조달받은 자본
을 연구개발과 증설에 투자하여 초우량기업이 될 수 있다. 또한

SK바이오팜처럼 대기업 집단에 속한 계열사가 상장을 하여 자본시장의 판도를 바꾸기도 한다.

2018년에 한국거래소에서 코스닥 상장요건을 개정하면서 상장 가능한 기업 수를 세어 보니 7000개가 넘는다는 조사 결과가 있었다. 앞으로 우수한 기업들은 계속 쏟아져 나올 것이다. 그만큼 자본시장은 계속 발전할 것이고, 투자자에게 좋은 기회는 계속 찾아올 것이라는 얘기다.

기업이 주식을 새로 발행하면서 개인들에게 기업가치 대비 너무 비싼 가격을 요구하면 투자자들의 관심을 받을 수 없고, 자칫하다가 기업공개가 실패로 끝날 수 있다. 또 많이 싸지 않은 가격으로 공개모집 해서 상장시키면, 주식시장에서 주가가 상승할 여력이 없기 때문에 투자자들이 크게 매력을 느끼지 못해 청약을 안할 위험이 있다. 따라서 기업이 원활하게 자금을 조달받아 경영활동을 잘할 수 있도록 하기 위해 통상적으로 공모가액은 유사 기업 대비 할인해서 결정된다.

공모가액은 비싸지 않게 책정하는 것이 원칙이므로 우리 같은 투자자 입장에서는 공모가액의 할인폭과 앞으로 주식시장에 상장되었을 때 주가가 많이 오를 가능성을 고려하여 투자해야 한다.

신주모집과 구주매출

신주모집을 하면 회사에 자본이 들어오므로 빚도 갚을 수 있고, 새로운 사업에 투자하는 등 자금력이 좋아진다. 그러나 구주매출을 하면 회사에 들어오는 자본은 없고, 대주주가 돈을 받고 주식을 내놓게 되므로 대주주의 지분율만 낮아진다.

기업공개를 하면서 회사의 주식을 투자자에게 내놓는 방식은 크게 두 가지가 있다. 하나는 회사가 새로운 투자자들로부터 자본을 납입받고 그들에게 신주를 발행하는 방식이고, 다른 하나는 회사의 기존 주주가 가지고 있는 주식을 새로운 공모주 주주에게 팔면서 상장하는 방식이다. 전자를 신주모집, 후자를 구주매출이라고 하며, 신주모집과 구주매출을 병행하는 방식도 가능하다.

어떤 방식이냐에 따라 투자자금이 흘러 들어가는 곳이 다르므로 기업가치 산정방식 역시 달라지게 된다. 간단히 예를 들어 설명하겠다.

그림1 신주모집 vs. 구주매출

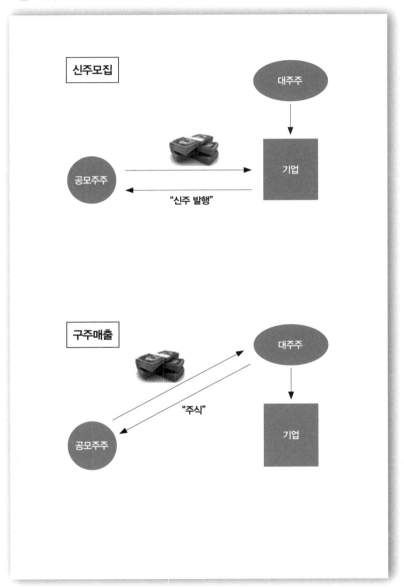

[사례]

A기업은 자본금 1억 5,000만 원(5,000원권 주식 30,000주)으로 설립되었고, 이 기업의 최대주주는 甲(지분율 100%)이다.

甲은 A기업을 잘 성장시켜서 이번에 코스닥시장에 상장시킬 계획을 갖고 있다. 주관사에서 평가한 이 기업의 공모가는 10,000원이고, 10,000주(1억 원)를 모집할 예정이다.

1안 : 10,000주 모두 신주모집 하기로 하였다.

2안 : 甲이 회사 설립 시에 투입한 개인 돈을 회수할 목적으로 1억 원을 구주매출 하기로 하였다.

1안으로 결정되었다면 회사에 1억 원(10,000주×10,000원)의 자본이 증가된다. 즉 회사에 1억 원의 현금이 들어오고 새롭게 자본을 구성하게 된다. 이에 따라 최대주주 甲의 지분율은 75%(30,000주/40,000주)로 감소하게 되고, 25%의 지분은 기관 및 개인투자자 등이 나눠 갖게 된다.

2안으로 결정되면 회사에 유입되는 자본은 하나도 없다. 대주주 甲이 자신이 가진 지분 중 33%(10,000주/30,000주)를 내놓는 대신, 그 대가로 유입되는 1억 원은 모두 甲의 주머니로 들어가게 된다. 이에 따라 최대주주 甲의 지분율은 67%(20,000주/30,000주)로 감소하게 되고, 33%의 지분은 기관 및 개인투자자 등이 나눠 갖게 된다.

표3 **신주모집과 구주매출 차이**

	신주모집	구주매출
회사 자본	증가	변동 없음
회사 총 발행주식수	증가	변동 없음
기존 주주 지분율	감소	감소

앞의 예를 토대로 신주모집과 구주매출의 차이를 정리하면〔표 3]과 같다.

2014년에 기업공개를 했던 BGF리테일, 삼성에스디에스 등 일부 기업이 전량 구주매출의 형태였고, 대부분은 신주발행 형태를 띤다. 신주모집을 하면 회사에 자본이 들어오므로 빚도 갚을 수 있고, 새로운 사업에 투자하는 등 자금력이 좋아진다. 그러나 구주매출을 하면 회사에 들어오는 자본은 없고, 대주주가 돈을 받고 주식을 내놓게 되므로 대주주의 지분율만 낮아진다.

한편 SK바이오팜처럼 신주모집과 구주매출을 병행하는 경우도 있다. 이런 경우 투자자의 일부 자금은 회사 자본으로 들어오고, 일부 자금은 구주주인 ㈜SK에 흘러간다. 회사 자본과 총 발행주식수는 증가하고 최대주주인 ㈜SK의 지분율은 100%에서 75%로 감소하며 나머지 25%는 공모주주들이 차지하게 된다.

Part 2
도전! 공모주 투자 8단계 ①
- 투자정보 수집부터 청약 결정까지 -

1단계.
공모주 일정 확인

요즘같이 인터넷이 발달한 시대에는 조금만 부지런하면 누구나 어디서든 필요한 정보를 얻을 수 있기 때문에 이제 더이상 바쁘다거나 몰랐다는 변명을 하기가 부끄럽게 되었다. 모든 재테크가 부지런함과 많은 정보를 분석해야 하는 능력이 중요한데 공모주 청약은 더더욱 그렇다. 청약 및 상장일정은 한국거래소(kind.krx.co.kr)에서 달력 모양으로 친절하게 보여주고 있으며, 대부분의 장외주식사이트(38.co.kr, ipostock.co.kr 등)에서도 같은 정보를 제공한다.

이 책에서는 공모주 투자와 관련된 정보를 어디서 어떻게 얻는지부터 시작하여, 청약 후 배정받은 공모주를 매도하기까지의 전 과정을 설명할 것이다. 남녀노소 누구나 공모주 투자에 도전할 수 있고, 부지런히 움직이면 성공적으로 공모주 투자 재테크를 할 수 있다.

그럼, 이제부터 공모주에 투자하는 방법에 본격적으로 접근해 보자. 공모주 투자는 [그림2]와 같이 단계를 나눌 수 있는데, 먼저 [그림2]의 8단계 중 투자정보를 수집하고 공모주를 분석해 청약을 결정하는 4단계까지 알아보도록 하자.

그림 2 **공모주 투자의 8단계**

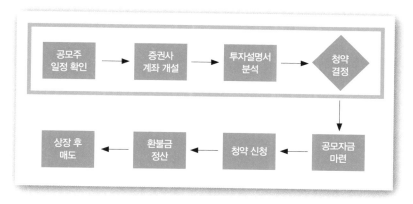

첫 번째로, 공모주 일정을 확인하는 방법부터 시작해보자. '지피지기면 백전백승'이라고 했다. 짧은 기간에 청약하고 수익을 거둘 수 있는 공모주 투자지만, 공모주 청약 일정이 있음에도 불구하고 미처 신경을 쓰지 못해서 좋은 기회를 종종 놓치기도 한다.

요즘처럼 인터넷이 발달한 시대에는 조금만 부지런하면 누구나 어디서든 필요한 정보를 얻을 수 있기 때문에 이제 더이상 바쁘다거나 몰랐다는 변명을 하기가 부끄럽게 되었다. 모든 재테크가 부지런함과 많은 정보를 분석해야 하는 능력이 중요한데, 공모주 청약은 더더욱 그렇다.

청약 및 상장일정은 한국거래소(kind.krx.co.kr)에서 달력 모양으로 친절하게 보여주고 있으며, 대부분의 장외주식사이트(38.co.kr, ipostock.co.kr 등)에서도 같은 정보를 제공한다.

그림3 **2020년 7월 IPO 캘린더**

| [07월] | 2020년 | 1월 2월 3월 4월 5월 6월 7월 8월 9월 10월 11월 12월 |

일(SUN)	월(MON)	화(TUE)	수(WED)	목(THU)	금(FRI)
			1 엔에이치스팩17호(청구) 에스바이오메딕스(청구) IBKS스팩13호(예측) 마크로밀엠브레인(상장) 체리부로(BW) 한진칼(BW) 진원생명과학(실권주)	2 브랜드엑스코퍼레이션(승인) 피엔케이피부임상연구센타(승인) 에이프로(IR) 에이프로(예측) SK바이오팜(상장)	3 고바이오랩(청구) 제놀루션(IR) 위더스제약(상장) 에이프로젠제약(실권주)
5	6 소룩스(청구) 티에스아이(IR) 티에스아이(예측) 신도기연(상장)	7 이지스밸류플러스리츠(승인) 솔트룩스(IR) 더네이쳐홀딩스(IR) IBKS스팩13호(청약) 솔트룩스(예측) 하나금융스팩16호(예측)	8 이지스레지던스리츠(청약) 더네이쳐홀딩스(예측) 제놀루션(예측) 미래에셋맵스리츠1호(예측)	9 코람코에너지플러스리츠(청구) 코람코에너지플러스리츠(승인) 이오플로우(승인) 피플바이오(승인) 비나텍(승인) 아이디피(승인) 박셀바이오(승인) 엠투아이(IR) 에이프로(청약) 엠투아이(예측)	10 클리노믹스(청구) 에이디테크놀로지(실권주) 에코마이스터(실권주)
12	13 모비릭스(청구) 이도(청구) 소마젠(상장)	14 마스턴프리미어리츠1호(청구) 마스턴프리미어리츠1호(승인) 이엔드디(IR) 솔트룩스(청약) 티에스아이(청약) 이엔드디(예측) 포비스티앤씨(실권주)	15 와이팜(IR) 하나금융스팩16호(청약) 제놀루션(청약) 미래에셋맵스리츠1호(청약) 에이치엠씨아이비스팩4호(예측) IBKS스팩13호(상장) 대한항공(실권주)	16 포인트모바일(청구) 패스트파이브(청구) 시너스텍(청구) 더네이쳐홀딩스(청약) 와이팜(예측) 제이알글로벌리츠(예측) 이지스밸류플러스리츠(상장) 에이프로(상장)	17 필스(승인) 엠투아이(청약)

달력에서 회사 이름을 클릭하면 여러 자세한 정보가 나오는데, 가장 먼저 '주관사'가 어디인지부터 파악하는 것이 중요하다. 우리나라의 수십여 개의 증권사가 주관사가 되기 위해 경쟁하기 때

문에 매번 일정하지 않으며, 만약 그 주관사의 증권계좌를 가지고 있지 않다면 증권계좌부터 개설해야 한다.

그다음으로 청약 일정과 환급일을 체크해야 한다. 청약 일정에 맞춰 청약자금을 마련할 수 있는지, 환급일까지 잠시 돈줄이 말라도 괜찮은지 확인해야 할 것이다.

〔그림3〕의 달력에 나와 있는 산업용 제어기기 제조기업 엠투아이코퍼레이션을 7월 16일(목)과 7월 17일(금)에 청약을 한다면, 환급되는 날은 청약일 마지막날(7월 17일 금요일)의 +2영업일인 7월 21일 화요일이 된다. 주말이 껴 있는 경우에 5일간 자금이 묶이기 때문에 개인의 자금 일정을 체크해야 한다. 신용카드, 보험료 및 통신비 자동이체 등 빠져나가게 되는 각종 생활비를 제외하고 청약을 해야 함은 당연할 것이다.

2단계.
증권사 계좌 개설

청약은 스마트폰 앱 MTS(Mobile Trading System)나 온라인
HTS(Home Trading System), 증권사 홈페이지에서 하면 수수료가 대
부분 무료이고, 직접 증권사 영업점을 방문하지 않아 편리하기 때문에 아
이디를 등록해서 컴퓨터나 스마트폰을 이용하는 것이 좋다. 영업점이나
전화로도 청약할 수 있으나 번거롭고 수수료도 발생하므로, 오랫동안 공
모주 투자를 하기로 마음먹었다면 이번 기회에 MTS나 HTS, 증권사 홈
페이지와 친해져보자.

증권계좌는 해당 증권사에 가서 만들어야 한다고 생각할 수 있지만, 증권사 영업점이 많지 않기 때문에 직접 가는 것보다 모바일 앱이나 인터넷에서 비대면으로 개설하는 것이 가장 편리하다.

그림4 **한국투자증권 홈페이지 고객센터 화면**

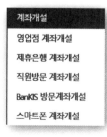

세상이 갈수록 편해지고 있다. 〔그림4〕에서 보는 것처럼 요즘은 증권사 직원이 방문해서 계좌 개설까지 해준다. 은행이 익숙하다면 주거래은행에 가서 만드는 것도 하나의 방법이다. 대부분의 은행이 거의 모든 증권사 계좌를 개설해주므로 증권사 영업점이 근처에 없다고 청약을 포기하는 일은 없어야겠다.

기업공개 주관사에 많이 선정되고 있는 한국투자증권의 홈페이지를 보면, 다양한 시중은행과 새마을금고, 우체국, 인터넷뱅크 등에서도 계좌를 손쉽게 개설할 수 있음을 알 수 있다. (〔그림5〕 참조)

그림5 **한국투자증권 홈페이지 고객센터 화면**

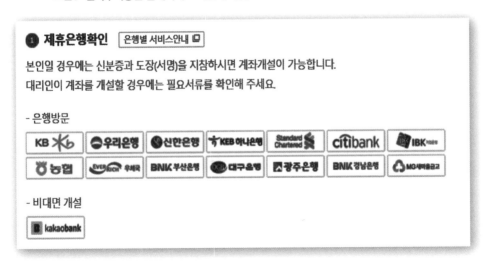

청약은 스마트폰 앱 MTS(Mobile Trading System)나 온라인 HTS(Home Trading System), 증권사 홈페이지에서 하면 수수료가 대부분 무료이고, 직접 증권사 영업점을 방문하지 않아 편리하기 때문에 아이디를 등록해서 컴퓨터나 스마트폰을 이용하는 것이 좋다. 영업점이나 전화로도 청약을 할 수 있으나 번거롭고 수수료도 발생하므로, 오랫동안 공모주 투자를 하기로 마음먹었다면 이번 기회에 MTS나 HTS, 증권사 홈페이지와 친해져보자.

하루종일 회사에 얽매여 있는 회사원의 경우, 회사 보안시스템으로 인해 공모주 청약을 못 한다고 하는 것 또한 핑계에 지나지 않는다. 요즘에는 모든 증권사의 MTS 애플리케이션에 공모주 청약 메뉴가 기본으로 들어가 있어서, 언제 어디서나 청약이 가능하다.

스마트폰 애플리케이션이 활성화되지 않았던 2010년 전후에 필자 역시 회사 보안시스템으로 인해 증권사 홈페이지에 접속을 못 해서 점심시간마다 PC방을 다니며 청약했던 아련한 추억이 많다. 그렇게 점심시간마다 PC방에서 컵라면을 먹으며 부지런히 공모주 청약을 했기 때문에 그에 상응하는 대가를 얻을 수 있었다고 생각한다.

또 주의할 점 하나는, 공모주 투자 횟수가 늘어나는 것에 비례하여 증권계좌 역시 많아지게 되어 어느 순간부터 관리하기가 힘들어질 수 있다는 것이다. 필자는 증권사 계좌번호, 계좌 비밀번호, 약정은행, 아이디(ID), 패스워드(PW) 등 주요 정보들을 엑셀 표로 만들어 관리하고 있다. 이것은 개인에게 매우 중요한 정보이므로 반드시 엑셀파일에 암호를 걸어 놓을 것을 권장한다.

3단계.
투자설명서 분석

투자설명서는 청약 주관사인 증권회사 공모주 청약 메뉴에서 제공이 되고, 또한 전자공시시스템에서도 공시가 된다. 전자공시시스템을 이용할 때에는 반드시 '[기재정정] 투자설명서'를 열어 봐야 한다. 공모가액이 확정되기 전에 투자자의 이해를 위해 투자설명서 초안이 나오기는 하는데, 이는 확정공모가액 기준이 아니므로 조심해야 한다.

공모주 청약을 할 것인가 말 것인가에 대한 의사결정을 위해서는 투자설명서를 반드시 읽어 봐야 한다. 모든 공모주가 적정가치 대비 싸게 나오는 것이 아니고, 혹여 싸게 나왔다고 해도 성장 가능성이 없는 회사라면 주가가 많이 오르기는 힘들 것이다. 공모주가 상장한 첫날 시초가부터 공모가액을 하회하여 공모주 청약자들을 낙담하게 하는 경우도 많다. 물론 주식 수급 상황 등에 따라 일시적인 공모가액 하회의 경우 빠르게 공모가액을 회복하여 주가가 상승하는 경우도 있지만, 끝없이 추락하여 큰 손실을 발생시키는 경우도 있으므로 이런 기업에 투자하지 않기 위해서는 투자설명서 분석은 필수적이라고 하겠다. 상장예정인 공모주에서도 반드시 옥석을 가려내야 하며, 이를 걸러낼 수 있는 유일한 방법은 '투자설명서 분석'이다.

SK바이오팜 같은 큰 기업들은 상장 전에 이미 목표가격이 제시될 만큼 많은 뉴스나 증권사 보고서가 쏟아져 나오지만, 대부분의 기업들은 그렇지 않은 경우가 더 많다. 이렇게 유망한 기업은 뉴스나 증권사에서 분석자료가 나오기는 해도 서로 공모가액에 대한 관점이 다를 수 있기 때문에 청약하는 주주가 직접 투자설명서를 보면서 분석해야 더 큰 확신을 얻을 수 있다.

이 책의 취지는 '물고기를 잡아주기 위함이 아니라 평생 물고기를 잡는 방법을 알려주기 위함'이므로 이번 기회에 투자설명서를 효과적으로 분석하는 법을 배우도록 하자.

투자설명서는 청약 주관사인 증권회사 공모주 청약 메뉴에서 제공되고, 또한 전자공시시스템에서도 공시가 된다. 전자공시시스템을 이용할 때에는 반드시 '[기재정정] 투자설명서'를 열어 봐야 한다. 공모가액이 확정되기 전에 투자자의 이해를 위해 투자설명서 초안이 나오기는 하는데, 이는 확정공모가액 기준이 아니므로 조심해야 한다.

그림6 SK바이오팜 투자설명서 공시 화면

| 7 | 유 에스케이바이오팜 | [기재정정]투자설명서 | 에스케이바이… | 2020.06.19 |
| 8 | 유 에스케이바이오팜 | [발행조건확정]증권신고서(지분증권) | 에스케이바이… | 2020.06.19 |

[그림6]은 2020년 6월에 공모주 청약을 했던 SK바이오팜의 투자설명서 공시 화면이다.

공모가액과 발행주식 수량이 확정되면서 [발행조건확정]증권신고서(지분증권)와 [기재정정]투자설명서가 전자공시시스템(dart.fss.or.kr)을 통해 동시에 공시된다.

증권신고서는 주식을 발행하는 회사가 금융위원회에 제출해야 하는 서류이고, 투자설명서는 공모주에 청약할 투자자를 위한 것으로 볼 수 있는데, 두 서류의 내용 간에 차이는 거의 없다. 최초에 증권신고서를 작성하고 그 이후에 투자설명서를 만들어 계속 수정하다가 최종 공모가액 확정 때 마무리하는데, 투자자가 이와 관련된 자세한 규정까지 알 필요는 없고 '[기재정정]투자설명서'만 살펴보면 된다. 즉, [기재정정]이 붙어 있지 않은 투자설명서는 아직 공모가액 확정 전 버전이기 때문에 추후에 얼마든지 수정 가능하다고 이해하면 된다.

공모가액이 확정된 투자설명서는 [그림7]과 같이 정정신고(보고) 면이 먼저 보이고, 모집(매출) 확정가액이 나온다.

〔그림7〕에서 보면 맨우측 '정정후' 칸에 나오는 모집(매출) 확정 가액이 최종 공모가액이다. 결국 이 공모가액이 싼지 비싼지에 대한 판단을 내린 후에 공모주 청약을 하는 것이 순서다.

그림7 **투자설명서 정정신고(보고)**

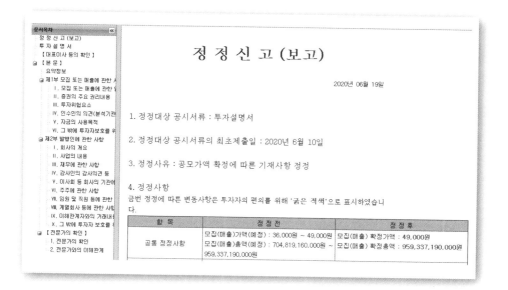

본격적으로 투자설명서를 살펴보기 전에 〔그림7〕을 다시 한번 살펴보라. 투자설명서의 목차만 봐도 하품이 나올 정도로 무언가 내용이 굉장히 많다. 아무리 작은 기업이라고 하더라도 투자설명서의 양은 300페이지가 훌쩍 넘을 정도로 두툼하다. 이렇게 많은

분량을 정독하는 것은 비효율적일 뿐만 아니라 시간도 너무 오래
걸린다. 또한 확정된 투자설명서는 통상 청약일 시작 2~3일 전에
최종적으로 공시가 되므로 다 읽어 보고 판단하기는 현실적으로
불가능하다. 따라서 이번 단계에서 제시하는 7가지 키포인트(key
point) 정도만 확인할 것을 권한다. 투자설명서에서 이 7가지만 잘
살펴봐도 투자를 할지에 대한 의사결정을 충분히 해낼 수 있기 때
문이다.

key point 1 – 핵심투자위험을 파악하자

〔표4〕는 투자설명서 본문 맨 처음에 등장하는 '요약정보' 중 '핵심
투자위험'에 관한 내용을 담은 샘플이다.

요약정보에 나오는 핵심투자위험의 굵은 글씨만 읽어 봐도 무
슨 사업을 하는지, 회사와 회사가 속한 산업의 위험(risk)은 무엇
인지 등에 대하여 많은 정보를 얻을 수 있다. 세상에 리스크 없는
사업이 어디 있겠는가? 대기업도 망하고 은행도 문 닫는 시대에
이런저런 고민만 하다 보면 투자 기회가 다 부정적으로 보일 수
있으니 냉정한 판단이 필요할 것이다.

표4 **투자설명서 본문 내 핵심투자위험 사례**

구분	내용
사업위험	나. 당사 제품의 판매 부진 위험 당사는 주력 파이프라인 세노바메이트를 미국에서 직접 영업조직을 구축하여 판매하는 전략을 수행하고 있습니다. **당사의 성공적인 직접판매를 위한 다양한 노력에도 불구하고, 당사가 구축한 미국의 영업 인력과 마케팅 및 유통 채널 규모가 충분하지 않거나 목표 시장에 대한 경험이 부족하여 판매가 부진할 가능성이 존재합니다. 또한, 당사의 제품이 환자, 의료진, 의료 커뮤니티 등의 기대에 미치지 못하거나 약가 인하, 판매 국가 내 의약품 규제 강화, 보험사 정책상 비급여 항목 지정 등 다양한 이유로 제품 매출 성장이 정체되거나 당사의 예상보다 매출 수준이 부진할 가능성이 존재합니다. 이러한 경우 당사의 재무실적에 부정적인 영향을 미칠 수 있습니다.** 투자자께서는 투자 의사결정 시 이 점 유의하시기 바랍니다. 타. 후속 파이프라인 임상 지연 및 실패 위험 당사는 뇌전증 치료제 세노바메이트의 미국 FDA 판매허가 이후 제품 판매를 진행 중이며, 수면장애 치료제 솔리암페톨은 2019년 7월부터 Jazz社가 미국에서 제품 판매를 진행하고 있습니다. 당사는 상기 파이프라인 이외에도 다수의 신규 파이프라인을 준비 중이며, 지속적인 신규 파이프라인 개발을 통해 글로벌 중추신경계 치료제 시장에서의 블록버스터 제품을 다수 보유한 회사로 발전할 목표를 가지고 있습니다. **하지만, 당사가 준비하고 있는 후속 파이프라인이 규제 환경이나 임상 국가의 상황에 따라 계획 대비 임상이 지연되거나 임상시험 계획 당시 예상하지 못한 변수로 인하여 임상시험 개시가 늦어질 가능성이 있습니다. 또한 임상시험 결과 약효를 입증하지 못하여 실패하는 경우, 후속 파이프라인이 신규로 개발되지 않는 경우 당사의 지속적인 성장이 어려울 수 있으며, CNS 시장 내 경쟁력이 감소할 수 있습니다.**

〔표4〕에서 '사업위험' 편을 읽어 보면 회사는 주로 중추신경계 의약품을 만드는 회사임을 알 수 있다. 회사는 그 어렵다는 신약을 무려 2개나 개발하여 미국 식품의약국(FDA)으로부터 판매허가를 받는 데 성공했다.

이제 잘 팔리기만 하면 회사의 매출액과 영업이익은 자연스럽게 올라갈 것이다. 그러나 상업적 성공은 좀 시간을 갖고 지켜봐야 한다. 기대 이상으로 잘될 수도 있고, 기대에 한참 못 미칠 수도 있다. 미국, 유럽, 일본 등 유명 글로벌 제약사들이 포진한 시장에서 신약을 들고 시장을 뚫어야 하기 때문에 단기간 내에 실적이 급격히 좋아지지 않을 수 있다.

또한 회사는 판매승인을 받은 약 외에 6개의 품목에 대하여 임상을 진행 중인데 핵심투자위험에서 언급하듯이 임상이 지연되거나 실패로 끝날 확률은 얼마든지 있다. 통상 글로벌 신약의 후보물질 발굴부터 FDA 판매승인까지 평균 15년의 기간이 소요되고, 성공확률은 1/10,000에 불과할 정도로 어렵기 때문에 어쩌면 중간에 지연되고 떨어지는 것이 자연스러울 수 있다. 상업적 성공과 후속 품목들의 판매승인에 대한 기대로 주가가 급등했다가 예상을 벗어나면 급락하는 것이 제약·바이오 섹터의 특징이기 때문에 회사와 주관사는 당연히 이런 위험을 투자자들에게 미리 인지시킨다.

key point 2 – 공모가액의 위치를 파악하자

다시 [그림7](49페이지)로 돌아가 '정정전' 칸을 보면 모집(매출)가액(예정)에 36,000원~49,000원이라고 나와 있음을 알 수 있다. 모집(매출)가액(예정)은 주관사에서 기업가치를 평가하여 산정한 공모가액의 밴드(band)가 된다. 이 밴드 금액 안에서 공모가액이 결정될 수도 있고 밴드를 초과하여 산정될 수도 있는데, 이때 기관의 수요예측 결과가 공모가액 확정에 결정적인 역할을 한다. 관련 규정을 살펴보면 공모가액 산정을 위해 기관투자자를 대상으로 수요예측을 실시하고, 그 결과를 감안하여 주관사와 회사 간 협의를 통해 공모가액을 결정하게 되어 있다.

기관투자자의 수요예측 실시 결과는 투자설명서의 수요예측 결과를 보면 확인할 수 있는데, 〔그림8〕과 같이 공시가 된다. 사실이 수요예측 결과만 살펴봐도 회사에 대해 기관투자자들이 대체로 어떤 판단을 하고 있는지 엿볼 수 있다.

그림8 SK바이오팜 공모가액 수요예측

(13) 수요예측 결과 통보

(가) 수요예측 참여내역

구분	국내기관투자자				외국 기관투자자		합계
	운용사(집합)	투자매매·중개업자	연기금,운용사(고유),은행, 보험	기타	거래실적 유*	거래실적 무	
건수	454	25	208	272	117	–	1,076
수량	4,503,204,000	293,603,000	2,047,899,000	2,723,058,000	248,714,096	–	9,816,478,096
경쟁률	383.35	24.99	174.33	231.81	21.17	–	835.66

(주1)   인수인(해외현지법인 및 해외지점을 포함한다)과 거래관계가 있거나 인수인이 실재성을 인지하고 있는 외국기관투자자로
         구분되는 기관입니다.

과거 양식으로 작성한 수요예측 신청가격 분포는 다음과 같습니다.

구분	참여건수 기준		신청수량 기준	
	참여건수(건)	비율	신청수량(주)	비율
49,000원 이상	1,076	100.00%	9,816,478,096	100.00%
36,000원 이상 ~ 49,000원 미만	–	–	–	–
36,000원 미만	–	–	–	–
합계	1,076	100.00%	9,816,478,096	100.00%

(주1)   「증권 인수업무 등에 관한 규정」 제9조의2에 의거 관계인수인으로 구분되는 기관의 참여내역은
         금번 수요예측 참여시 가격을 제시하지 않아 통계에서 제외하였습니다.

(다) 의무보유확약 신청내역

구분	신청수량(주)
6개월 확약	4,051,643,000
3개월 확약	3,071,743,000
1개월 확약	701,546,986
15일 확약	141,506,000
합계	7,966,438,986
총 수량 대비 비율	81.15%

이 기업은 공모가액이 밴드 상단인 49,000원에서 결정되었다.

공모가액이 밴드 상단 또는 밴드 상단을 돌파해서 결정되었다

면, 일단 개인투자자 입장에서는 수요예측에서 흥행했다고 볼 수 있다. 또 다른 한편으로는 공모가액이 많이 올라가서 다소 부담을 느낄 수도 있다. 공모가액이 올라갈수록 투자자의 안전마진이 작아진다는 것으로 해석할 수 있기 때문이다. 그러나 수요예측에 참여한 기관투자자들이 이 기업의 높은 성장성을 고려하면 현재 공모가액도 싸다고 판단했을 것이니 밴드 상단 또는 밴드 상단 돌파가 공모주 투자자 입장에서 반드시 나쁘다고 볼 수는 없다.

실제로도 2019년부터 2020년 상반기까지 스팩(SPAC)을 제외한 공모주 90개를 조사해보면, 공모가액이 밴드 상단을 돌파한 기업은 모두 12개였고, 2개 기업을 제외한 10개 기업의 시초가와 상장일 종가는 공모가액보다 높았다. 또한 밴드 상단에서 공모가액이 결정된 기업은 모두 48개 기업이었는데, 이 중 41개 공모주의 시초가가 공모가액보다 높았고 7개 종목은 상장하자마자 공모가액을 하회했다.

또한 시초가가 공모가액을 상회한 41개 기업 중 4개는 상장 당일 종가가 공모가 밑으로 떨어진 채 장을 마감하기도 했다. 결론적으로 공모가액 위치가 기업설명회에 참여하고 공모주 주식을 신청한 기관투자자들의 분위기를 파악하는 데 도움이 되기는 하지만, 상장 후 주가 상승과 하락을 예측하는 것으로 활용하기에는 적절하지 않을 수 있다.

그러면 지금부터 수요예측 결과 각 항목에 대해 좀더 자세히 살펴보자.

① 수요예측 참여내역

참여 건수가 많고 경쟁률이 높다는 것은 그만큼 기관투자자들이 큰 관심을 갖고 있다는 것에 대한 반증이다. 2019년부터 2020년 상반기까지 스팩을 제외한 일반기업 공모주 90개를 분석해보면 상당히 흥미로운 결과가 나온다.

2020년 상반기에 공모주 청약이 있었던 신도기연의 수요예측 때 기관투자자들이 1,381군데가 참여하여 가장 많은 참여 건수를 기록했고, 2019년 세경하이테크 때 123건으로 가장 적었다. 신도기연은 디스플레이 장비, 세경하이테크는 스마트폰부품을 제조하는 회사들이라 모두 모바일기기 후방업체라는 공통점이 있지만, 기관투자자들의 수요예측 참여도는 완전 극과 극이었다. 신도기연은 차세대 스마트폰인 폴더블폰(foldable phone)에 들어가는 부품을 제조할 수 있는 장비를 만들다 보니 기관투자자들의 관심이 매우 컸다고 추정할 수 있다.

1년 반 동안 90개의 기업공개에 참여한 기관투자자들의 평균 참여 건수는 879군데이다. 그리고 90개 참여 건수의 분포도를 통해 중간값을 계산해보면 948개로 조사된다. 반드시 그렇지 않을 수 있겠지만 이 통계를 통해 우리는 참여 건수 약 950개 이상은 기관투자자들의 관심이 높았다는 뜻이고, 그 미만은 그렇지 않았을 것이라고 추정해볼 수 있다.

관심이 높다고 수익률까지 좋은 것은 아니다. 1년 반 동안 상장한 90개 기업 중 시초가가 공모가액을 하회한, 즉 상장하자마자 손실을 기록한 종목은 총 19개 종목으로 20%가 조금 넘는다. 이 19개 종목을 조사해보면 기관투자자들의 참여 건수는 평균 663군데, 중간값은 931군데나 된다. 1,000군데가 넘게 들어온 기업도 3개나 될 정도였다. 물론 500군데도 안 들어온 곳이 7개나 되고, 심지어 2군데는 150군데 이하일 정도로 분위기가 냉랭했다.

대체로 기관투자자들이 많이 몰리면 상장 후 주가가 공모가액을 상회하는 것으로 조사되었으나 반드시 그렇지 않다는 것도 확인했으니 투자 의사결정의 절대 판단 기준이 될 수는 없을 것이다.

또 기관투자자들의 참여 건수가 적다고 투자성과가 반드시 나쁜 것도 아니다. 그들이 놓친 부분도 있을 것이고 자본시장에서는 숨겨진 기업의 강점이 부각되며 공모가액보다 훨씬 높게 주가가 올라가는 경우도 많았다.

한편 상장 당일 주가가 공모가액을 상회한 종목은 71개인데, 이들의 기관투자자 참여 건수를 살펴보면 다음과 같다.

평균 942군데의 기관투자자가 참여했고 71개의 중간값은 1,039

군데이다. 1,000군데가 넘었던 종목은 71개 중 37개로 50%가 넘는다. 단 170군데, 208군데만 들어와서 기관투자자 수요예측에서 흥행 참패한 기업도 상장 당일 시초가가 공모가를 상회하면서 수익을 안겨준 경우도 있었다. 71개 중 10개 종목이 기관투자자 참여 건수 500군데 미만으로 분위기가 좋지 않았지만 상장 당일 시초가는 모두 공모가액을 넘어서며 수익을 안겨줬다.

결론적으로 기관투자자 참여 건수가 1,000군데 이상이면 청약했을 때 수익을 얻을 확률이 높다는 것이고, 그 미만이면 좀 신중할 필요가 있음을 확인할 수 있었다. 그러나 항상 예외가 있었기 때문에 반드시 그렇지 않았다는 것도 확인했다. 결국은 참고자료일 뿐 확신을 얻을 수 있는 데이터는 아니었다.

한편 기관투자자들의 청약경쟁률을 해석할 때에는 주의를 기울일 필요가 있다. 청약 규모가 작은데 기관투자자들이 많이 몰리면 청약경쟁률은 당연히 올라갈 수밖에 없고, SK바이오팜처럼 큰 규모의 청약이라면 경쟁률이 내려갈 수밖에 없다.

그들이 참여할 수 있는 자본 규모가 약 10조 원이라고 가정해보자. 코스닥 중소기업의 공모주 중 기관 배정분이 100억 원이라면 기관투자자 청약경쟁률은 1,000:1이 된다. 반면 코스피 대기업의 공모주 중 기관 배정분이 1,000억 원이라면 기관투자자의 청약경쟁률은 100:1밖에 안 된다. 따라서 수요예측에 참여한 기관투자자의 경쟁률이 높고 낮음으로 청약을 결정하는 것 역시 바람직하지는 않다.

2019년부터 2020년 상반기까지 공모주 90개의 기관투자자 평균 경쟁률은 638：1이었다. 최소값은 2019년 7월에 상장한 화장품 용기 제조회사 펌텍코리아가 기록했는데 경쟁률은 5.75：1에 불과했다. 공모가액은 19만 원이었는데 시초가는 10% 하락한 171,000원, 당일 종가는 공모가액 대비 20% 하락한 152,300원이었다. 최대값은 일본 수출규제 여파로 중요성이 높아진 소, 부, 장(소재, 부품, 장비) 기업들에 대한 지원책이 쏟아지던 2019년에 상장한 통신부품기업 메탈라이프가 기록했는데, 기관투자자 경쟁률은 무려 1,290.21：1에 달했다. 기관투자자에게 배정된 공모주 청약 규모는 불과 75억 원 수준이어서 1,290.21：1로 계산해본 기관투자자가 참여한 총액은 10조 원에도 못 미친다. 참고로 SK바이오팜 때 기관투자자가 참여한 금액은 무려 480조 원이 넘었는데, 경쟁률은 메탈라이프보다 낮은 835.66：1밖에 안 됐다.

알짜 코스닥 중소기업이 상장에 나서도 청약 규모가 작기 때문에 경쟁률은 높을 수밖에 없고, 대기업이 코스피시장에 상장해도 규모가 크기 때문에 경쟁률이 낮아 보이는 착시효과를 일으킨다. 코스피에 상장한 SK바이오팜뿐만 아니라 현대오토에버, 한화시스템, 드림텍, 자이에스앤디 등 큰 기업들 모두 경쟁률이 1,000：1

미만이어서 흥행참패처럼 보일 수밖에 없다. 그러나 현대오토에 버나 드림텍, 자이에스앤디 등은 공모가액을 훌쩍 뛰어넘는 시초가에서 시작해서 투자자들에게 괜찮은 수익을 안겼다.

결론적으로 기관투자자의 참여 건수가 많고 경쟁률이 높다면 공모주 투자에 참여해서 성공할 확률이 높을 수는 있지만, 예외가 워낙 많았기 때문에 절대적인 판단 기준이 될 수는 없다. 필자가 7가지 포인트에 맞춰서 종합적인 판단을 해야 한다고 말하는 이유도 바로 여기에 있다.

② 수요예측 신청가격 분포

표5 **엘이티 수요예측 신청가격 분포**

구분	참여건수(건)	신청수량(주)	비율(%)
10,000원 이상	89	106,068,400	6.6
9,000원 이상 10,000원 미만	776	992,157,000	57.8
7,800원 이상 9,000원 미만	306	366,587,800	22.8
7,800원 미만	–	–	–
가격 미제시	171	190,714,300	12.7
합계	1,342	1,655,527,500	100.0

기관투자자들이 참여한 수요예측의 결과를 자세히 보여주는 수

요예측 신청가격 분포표도 공모가액이 싸다, 비싸다를 판단하는데 아주 중요하게 쓰인다. 기관투자자들의 판단을 읽기 위해서 전반적인 참여 건수와 경쟁률도 중요하지만, 이 수요예측 신청가격 분포표를 보면 조금 더 확신도를 높일 수 있다.

〔표5〕는 2020년 6월에 공모주 청약을 받고 성공적으로 상장한 코스닥기업 엘이티의 투자설명서에 수록된 수요예측 신청가격 분포표이다. 디스플레이장비를 생산하는 업체인데 차세대 디스플레이인 폴더블과 관련한 독보적인 기술을 보유하고 있어서 SK바이오팜만큼 큰 관심을 받았다.

〔표5〕에서 보는 것처럼 기관투자자 1,342군데가 몰렸고, 각자 원하는 가격대와 수량을 써냈다. 비율을 보면 9,000원 이상 10,000원 미만에 기관투자자들이 가장 많이 몰렸다. 10,000원 이상에 주식을 받겠다는 기관투자자도 전체의 6.6%나 됐고, 가격에 상관없이 물량을 받겠다는 가격 미제시도 12.7%나 된다. 공모가액을 9,000원에 결정해도 전체 신청수량의 77%나 되기 때문에 보통 주관사와 회사는 9,000원 정도에 공모가액을 결정하는 편이다. 그런데 이 회사는 그보다 더 낮은 7,800원에 공모가액을 확정지었다. 즉 기관투자자들 모두에게 기회를 주었다. 이렇게 되면 기관투자자들도 받아 가는 물량이 적을 수밖에 없을 것이다. 그런데 개인투자자 입장에서 봤을 때는 기관투자자들이 9,000원 이상에 가장

많이 몰렸기 때문에 그 정도 가격을 적정치로 판단할 수 있다. 그런데 오히려 공모가액을 더 내렸으니 심층적인 투자설명서 분석에 앞서 일단 싸게 나왔다는 것에 대해 어느 정도 확신할 수 있다.

엘이티는 공모가액의 2배인 15,600원의 시초가로 화려하게 증시에 상장했고, 상장과 동시에 상한가인 20,250원으로 직행했다. 하루 더 상한가에 도달하면서 이틀 만에 237%의 수익을 안겼다. 개인투자자 청약경쟁률이 1,552:1에 달할 정도로 높아서 배정받은 수량은 많지 않더라도 짧은 기간에 괜찮은 수익을 챙길 수 있었다.

[그림8](54페이지)에서 봤던 SK바이오팜 수요예측 신청가격 분포표도 다시 살펴보면, 기관투자자 모두 공모가액인 49,000원 이상에 전량 다 받겠다고 할 정도로 열기가 뜨거웠다. 신청수량 100% 모두 한 군데에 분포한 표는 공모주 투자 14년 동안 처음 본 광경이었다.

③ 의무보유확약 신청내역

의무보유확약은 기관투자자가 수요예측에 참여하여 주식을 배정받은 후 일정 기간 동안 팔지 않겠다고 자발적으로 '락업(lock up)' 하는 것이다. 얼마나 공모가액이 매력적이고 앞으로 성장 가능성이 높기에 기관투자자가 알아서 안 팔겠다고 하겠는가? 기관투자자들이 일정 기간 팔지 않겠다는 의무보유 물량이 많으면 많을수록 개인투자자 입장에서는 당연히 좋은 신호로 인식할 수 있다.

표6 엘이티 의무보유확약 신청내역

구분	참여건수(건)	신청수량(주)
6개월 확약	29	25,043,800
3개월 확약	78	66,363,200
1개월 확약	204	200,122,600
15일 확약	28	18,048,400
합계	339	309,568,000
총 참여건수 또는 신청수량 대비 비율(%)	25.3%	24.5%

〔표6〕은 엘이티의 의무보유확약 신청내역이다. 기관투자자들이 무려 25%에 가까운 물량에 대하여 의무보유확약을 했다. 기관이 배정받은 공모주의 1/4을 15일, 1개월, 3개월, 6개월 동안 거의 팔지 않겠다고 약속했으니 개인투자자 입장에서는 정말 마음 편한 공모주 청약이 아닐 수 없다.

〔그림8〕에서 살펴봤던 SK바이오팜의 의무보유확약 신청내역

을 보면 기관투자자들이 배정받는 수량의 81.15%를 일정 기간 동안 매도하지 않겠다고 선언했다. 공모주 투자를 14년째 하고 있지만 이렇게 확약 물량이 많은 것은 처음이었다. 결국은 상장 이후에 개인투자자들이 청약한 주식들 위주로 거래가 될 것이고, 유통 물량이 적기 때문에 수급에도 긍정적인 효과가 있다.

key point 3 – 유사 기업들과 비교해서 싼 편인가?

주관사에서 공모가액을 결정할 때 대부분 상대가치 평가 방법에 따라 금액을 산정한다. 상대가치 평가 방법으로는 PER, EV/EBITDA, PBR, PSR 등이 사용되는데, 가장 많이 사용되는 방법이 PER이고 EV/EBITDA, PBR, PSR 등은 자주 쓰지는 않는다. 경우에 따라 여러 지표를 가중평균하기도 하고, 바이오기업은 당장의 실적이 없기 때문에 더 특이한 방법을 쓴다.

투자자 입장에서는 공모가액이 싸면 쌀수록 좋지만, 상장 업무를 담당하는 주관사나 기업공개에 임하는 회사 입장에서는 비싸면 비쌀수록 좋다. 공모가액이 많이 올라가야 주관사는 그에 비례해 수수료를 많이 받을 수 있고, 회사도 더 많은 자본을 조달받을 수 있으니 말이다.

그렇다고 말도 안 되게 공모가액을 막 올리기는 어려우니 논리적으로 상향시키려고 할 것이다. 물론 다 그런 것은 아니다. 기업에 자본을 대주는 투자자에게 감사한 마음으로 오히려 더 낮춰서 공모가액을 정하는 경우도 있으니 말이다. 주관사와 해당 기업들의 속마음은 알 수 없으니 결국 투자자가 공모가액이 싼지 비싼지를 가려내는 수밖에 없다.

PER, EV/EBITDA, PBR, PSR 등 갑작스러운 전문용어에 당황한 사람들을 위해 먼저 용어부터 설명하겠다. 다행인 것은 용어를 알아야 공모주 청약을 할 수 있는 것은 아니라는 점이다. 궁극적으로 투자자에게 중요한 것은 자신이 투자할 기업의 공모가액이 이미 상장된 유사 업종과 기업의 주가에 비해 싼 편인가 아닌가이며, 공시 내역을 보고 이를 파악할 수 있으면 되는 것이다. 그래도 이번 기회에 전문용어까지 배워둔다면 투자에 도움이 될 것은 분명하다.

먼저 PER(Price Earning Ratio)은 주가(Price)를 주당이익(EPS, Earning Per Share)으로 나눈 것으로, '주가수익비율'이라고 한다. PER은 주가가 주당이익의 몇 배인지 나타내는 지표로, 기업의 1주당 이익에 대한 시장에서의 평가라고 이해할 수 있다. PER이 작으면 회사가 벌고 있는 이익 대비 주가가 저평가되었음을 의미하고, PER이 크면 회사가 벌고 있는 이익 대비 주가가 고평가되었다고 본다.

또 EV/EBITDA는 기업가치(EV, Enterprise Value)를 영업활

동을 통해 얻은 현금성이익(EBITDA, Earning Before Interest, Tax Depreciation and Amortization)으로 나눈 수치이다. 기업가치가 영업활동을 통해 창출하는 현금성이익의 몇 배인지 나타내는 지표로 이해할 수 있다. EBITDA는 회계상 영업이익에 감가상각비와 무형자산상각비를 더해서 계산한다. 유형자산과 무형자산이 큰 기업들은 감가상각비(Depreciation)와 무형자산상각비(Amortization) 금액이 크기 때문에 이들 기업들이 주로 EV/EBITDA 평가법을 선호한다. 역시 기업가치 대비 회사가 벌고 있는 현금성이익이 커서 EV/EBITDA가 작다면 저평가, 크다면 고평가되었다고 본다.

PBR(Price Book – value Ratio)은 주가(Price)를 주당순자산(BPS, Book – value Per Share)으로 나눈 것으로, '주가순자산비율'이라고 한다. PBR은 주가가 주당순자산의 몇 배인지 나타내는 지표로 기업의 순자산가치에 대한 시장에서의 평가라고 이해할 수 있다. 회사가 보유한 순자산 대비 주가가 높으면 PBR이 커지므로 고평가, 낮으면 저평가라고 판단한다.

마지막으로 PSR(Price Sales Ratio)은 주가(Price)를 주당매출액(SPS, Sales per Share)으로 나누어 계산하거나 시가총액 ÷ 매출액으로 구할 수 있다. PSR이 작으면 회사가 벌고 있는 매출액 대비 주가가 저평가되었음을 의미하고, PSR이 크면 회사가 벌고 있는 매출액 대비 주가가 고평가되었다고 본다.

주로 사업을 시작한 지 얼마 안 된 기업들의 가치를 평가할 때 사용한다. 수익모델을 갖추고 매출이 조금씩 발생하고 있는 스타트업들은 사업 초기 단계라 아직 이익 규모가 크지 않다. 이런 기업들에게 PER나 EV/EBITDA 같은 지표는 쓸 수 없고, PSR을 적용하는 편이 낫다. 매출이 증가한다면 규모의 경제에 도달해 이익도 자연스럽게 늘어날 것이기 때문에 일단은 매출 기준으로 기업가치를 측정하는 것이다. 단 매출이 증가해도 적자가 더 커지는 일부 기업들도 있기 때문에 반드시 효과적인 지표라고 단정 지을 수는 없고, 투자자가 기업의 사업모델에 대해 충분히 이해할 수 있어야 확신도가 올라갈 것이다.

예를 들어 쿠팡 같은 기업은 매출액이 불과 5년 만에 20배 증가한 7조 1,531억 원을 달성했지만 영업적자는 6배 가까이 증가한 7,205억 원을 기록했으니, 사업 초기라고 해서 PSR을 다 쓰는 것은 적절하지 않을 수 있다.

이런 상대가치 평가법은 주식시장에 상장되어 있는 기업들의 가치가 적정하게 평가되어 있다는 가정하에 유사한 제품을 생산하거나 서비스를 제공하는 기업들을 골라서 이 기업들의 가치와 비교하게 된다.

그림9 **에이프로 공모가액 산출 결과**

【유사회사 PER 산출】

(단위: 천원, 주, 배)

구분	적용 당기순이익 주1), 주2)	적용주식수 주3)	주당순이익 (원)	기준주가 (원)	PER
(주)피앤이솔루션	15,651,934	14,690,808	1,065	15,658	14.70
(주)브이원텍	6,642,301	15,050,580	441	7,367	16.69
(주)이노메트리	4,628,076	9,650,216	480	14,430	30.09
씨아이에스(주)	11,314,942	56,331,586	201	4,752	23.66
대보마그네틱(주)	3,825,058	6,616,973	578	25,715	44.48
평균 PER					**25.92**

(주1) 상기의 적용 당기순이익은 최근 사업연도(2019년) 기준 순이익입니다
(주2) 연결재무제표 작성 법인의 당기순이익의 경우 지배주주 귀속순이익을 적용하였습니다.
(주3) 적용주식수는 평가기준일 현재 상장주식총수입니다.

(나) 주당 평가가액 산출

PER를 적용한 비교가치는 최근사업연도의 당기순이익을 기준으로 비교대상회사(=
유사기업)의 PER을 각각 산출하여 동사의 최근사업연도 당기순이익에 적용 후 산출
평균한 가치로 산출하였습니다.

【PER에 의한 ㈜에이프로의 평가가치 】

구 분	산출 내역	비 고
당기순이익	7,578 백만원	A
적용 PER	25.92 배	B
기업가치 평가액	196,429 백만원	C = (A X B)
적용주식수 (주1)	7,361,076 주	D
주당 평가가액	26,685 원	E = (C / D)

에이프로는 2차전지 장비를 제조하는 회사로 2020년 7월에 공
모주 청약을 진행했다. 테슬라의 주가가 천정부지로 치솟는 덕에

2차전지 관련주에는 당연히 관심이 쏠릴 수밖에 없었다.

[그림9]를 통해 우리는 공모가액이 어떤 근거로 산출되었는지 알 수 있는데, 이는 투자설명서 중 '제1부 모집 또는 매출에 관한 사항' 중 'Ⅳ. 인수인의 의견(분석기관의 평가의견)' 편에 나온다.

에이프로의 공모가액은 최근 실적에 유사 회사의 PER을 곱해서 산출했다. 2차전지 관련주 중 5개사를 유사 회사로 선정해서 그들의 평균 PER을 대입한 것이다.

주당평가가액은 26,685원이 나왔지만, 공모가액은 21,600원으로 결정되었는데, [그림10]처럼 어느 정도 할인한 후에 공모가격이 산정되었다고 공시된다.

그림10 ㈜에이프로 확정공모가액과 할인율

【㈜에이프로 희망공모가액 산출내역】	
구분	내용
주당 평가가액	26,685원
평가액 대비 할인율	19.06% ~ 28.80%
희망공모가액 밴드	19,000원 ~ 21,600원
확정 주당 공모가액 (주)	21,600원
(주) 확정공모가액은 수요예측 결과를 반영하여 21,600원으로 확정되었습니다.	

할인율이 높아야 공모주에 청약하는 투자자의 안전마진 또한 클 수 있을 것이다. 물론 주가라는 것이 반드시 주관사가 산정한

가치에 수렴하는 것은 아니지만 투자자 입장에서는 공모가액의 위치를 파악하는 데 중요한 참고사항이 된다. 그러나 회사가 속한 산업의 업황이 좋지 않다면 할인율이 아무리 높아도 주가는 낮게 형성되고, 업황이 좋은 기업은 할인율이 낮아도 주가가 높게 형성되는 경우가 비일비재하므로, 반드시 종합적으로 판단하고 청약에 임해야 할 것이다.

2020년에 3월에 기업공개한 스마트폰부품 제조사 엔피디는 주당평가가액이 9,420원, 확정공모가액이 5,400원으로 43% 가까이 할인되었지만, 막상 상장한 첫날 시초가는 공모가 대비 10% 하락한 4,860원에서 시작하여 결국 공모가 대비 30% 하락한 3,775원에 장을 마쳤다. 필자를 포함한 대부분의 공모주 투자자들이 성숙기에 접어든 기존 스마트폰부품 업계를 아무래도 부정적으로 봤기 때문에 공모가액이 싸게 나왔어도 청약을 하기가 꺼려졌던 것이다.

한편 연구개발 중심의 중소 바이오기업들은 당장의 실적이 없기 때문에 위와 같은 방식으로 공모가액을 산정하지 않는다.

이런 기업들은 기술성장기업 상장특례 제도를 통해 코스닥시장에 상장을 한다. 외형이나 이익 규모 요건을 충족하지 않아도 기술과 전문성 등을 갖추고 성장 가능성이 있다면 상장을 할 수 있다. 현재의 경영성과보다 미래의 가치가 더 중요하다고 판단되기 때문에 주당평가가액 산정도 미래 추정손익을 근거로 이루어진다. 즉 회사가 제시하는 미래 추정손익의 현재가치에 유사 기업의 PER을 적용하여 주가를 산출한다. 따라서 미래에 대한 불확실성이 높은 공모가액이라고 할 수 있으니, 본인의 투자 성향이 보수적이라면 청약에 임하지 않는 것이 나을 수 있다. 단, 높은 기술력과 성장성에 대한 확신만 든다면 청약해보기를 권한다.

　2020년에 기술성장기업 상장특례로 상장한 서남, 젠큐릭스, 에스씨엠생명과학, 소마젠 등은 모두 상장하여 좋은 결과를 보여줬다. 단 그동안 상장한 기술성장기업 중 상장 당일부터 공모가를 하회한 종목들도 많았기 때문에 조심할 필요는 있다.

　공모주가 기술성장기업에 해당되는지 여부는 다음의 사례처럼 투자설명서의 본문에 명시된 '기타위험'을 살펴보면 알 수 있다.

[사례]

가. 기술성장특례 적용기업 관련 위험

당사는 코스닥시장 상장요건 중 기술성장특례 적용기업으로서, 통상 기술성장특례의 적용을 받아 상장예비심사를 청구하는 기업은 사업의 성과가 본격화되기 전이기 때문에 안정적인 재무구조 및 수익성을 기록하고 있지 않은 경우가 많습니다. 당사의 경우에도 상기 사업위험 및 회사위험에 기술한 요인들로 인해 수익성 악화의 위험이 존재하오니 투자자께서는 이 점에 유의하시기 바랍니다.

key point 4 - 유통가능 주식수를 확인하라

회사의 최대주주 등이 보유하고 있는 주식은 상장 후 일정 기간 동안 매각이 제한되는데 이를 '보호예수'라고 한다. 최대주주뿐 아니라 상장예비심사 신청일 전 1년 이내에 최대주주 등에게 주식을 취득한 주주의 지분 역시 상장 후 일정 기간 매각이 제한된다. 그밖에 상장 이전에 회사에 투자 목적으로 참여한 벤처캐피탈, 운용사 등 재무적 투자자들(Financial Investors)도 자발적, 비자발적으로 보호예수가 걸린다. 이렇게 보호예수 물량이 많을수록 공모주 투자자에게는 유리하다. 상장 당일부터 많은 물량이 쏟아져 나올 가능성이 낮기 때문이다.

보호예수 및 매도금지 물량과 유통가능 물량은 투자설명서에 [표7]과 같이 공시가 되는데, 앞에서 살펴본 의무보유확약 신청내역과 함께 분석해야 한다. 왜냐하면 수요예측에서 기관투자자들이 자발적으로 일정 기간 동안 매도하지 않겠다고 한 물량이 위의 보호예수 및 매도금지 물량에는 포함되어 있지 않기 때문이다.

표7 엘이티 공모주 유통가능 물량

구 분	관계	주주명	종류	공모 후		매각제한 기간
				주식수(주)	지분율(%)	
유통제한 물량	최대주주	㈜에이치비테크놀러지	보통주	2,734,540	30.88	6개월
	대표이사	이흥근	보통주	1,920,000	21.68	
	최대주주 등 소계			4,654,540	52.56	–
	벤처금융	코스톤라이트닝 사모투자합자회사	우선주	1,274,000	14.39	3개월
		코스톤성장전략엠앤에이사 모투자합자조합	우선주	471,460	5.32	
	우리사주조합		보통주	631,400	7.13	1년
	의무인수분		보통주	65,910	0.74	3개월
	유통제한 물량 소계		보통주	5,351,850	60.44	–
			우선주	1,745,460	19.71	
상장 직후 유통가능 물량	–	IPO 공모주주	보통주	1,757,600	19.85	–
	상장 직후 유통가능 물량 소계			–	–	–
합계				8,854,910	100.0	–

엘이티의 공모주 2,197,000주 중 기관에게 배정된 수량은 전체 물량의 60%인 1,318,200주이다. 원칙적으로 총 발행주식수의 60%는 기관투자자, 20%는 회사의 우리사주조합, 20%는 개인투자자에게 배분되며 우리사주조합이 없는 경우에는 80%가 기관투자자에게 돌아간다.

엘이티의 의무보유확약 내역(63페이지, 〔표6〕 참조)을 보면 기관이 자발적으로 의무보유하겠다고 확약한 비율이 24.5%에 이른다. 즉, 322,959주(1,318,200주×24.5%)도 추가적으로 보호예수 및 매도금지 물량이 된다.

그러면 총 발행주식수 8,854,910주 중 유통가능 물량은 1,757,600주－322,959주＝1,434,641주가 되고, 이는 상장 후 전체 주식수 대비 16%에 해당된다. 이렇게 적은 물량만 상장 후에 거래가 가능하니 공모주에 청약한 투자자 입장에서는 상장 당일 마음이 편할 것이다. 거래량에 의해 주가가 급격히 하락할 위험도 적고, 많은 기관투자자들이 자발적으로 매도금지를 했으므로 주가가 떨어지기보다는 올라갈 확률이 더 클 것으로 기대되기 때문이다. 물론 성장성이 없는 공모주는 상장 당일 강한 매수세가 없어서 유통 물량이 적어도 주가가 공모가액 아래로 떨어지기도 한다. 즉 유통 물량이 적다고 해서 반드시 주가가 오르지는 않는다는 말이다.

다행히 엘이티는 공모가액 7,800원, 상장일 시초가 15,600원, 상장일 종가는 상한가인 20,250원에 마감했고, 상장 2일째 최고가인 28,000원을 기록하며 많은 공모주 투자자에게 큰 수익을 안겨주었다.

이렇게 유통가능 주식수와 유통불가능 주식수를 확인하려면 〔표7〕에서 나오는 유통제한 물량, 상장 직후 유통가능 물량 외에 기관투자자들이 자발적으로 매도하지 않겠다고 락업을 건 의무보유확약 물량까지 확인해야 정확한 유통주식수 판단이 가능하다.

key point 5 - 왜 회사는 기업공개를 결정했는가?

회사가 기업공개를 결정한 이유에 따라 기업에 대한 가치평가 역시 달라진다.

보통은 상장 이전에 회사에 투자한 주주와의 약정에 따라 상장을 하는 경우가 많은데, 2014년에 상장했던 BGF리테일이 대표적인 사례이다. 이 기업의 투자설명서를 읽어 보면 2014년 7월말까지 상장을 완료하지 않으면 일본 훼미리마트사에 위약금을 포함한 여러 보상을 해줘야 하는 약정이 있었다. 이 약정으로 인해 BGF리테일은 상장을 진행했고, 전액 일본 훼미리마트사의 보유주식을 상장시키는 구주매출 방식으로 진행되었다. 회사에 현금성자산이 풍부해 굳이 신주모집을 할 필요성을 느끼지 못했기 때문에 일본 훼미리마트 지분만큼만 매출하면 되는 것이었다. 즉, 공개모집을 통해 기관투자자와 개인투자자는 일본 훼미리마트사가 보유한 BGF리테일의 주식을 사고, 그 대금은 고스란히 일본 훼미리마트사로 들어가게 된 것이다.

BGF리테일의 공모가액은 청약 당시 상당히 흥미로웠던 점이 많았다. 공모가액 밴드가 41,000원~46,000원이었고, 수요예측 신청가격에서 45,000원 이상과 50,000원 이상에 참여 건수가 가장 많았음에도 불구하고 공모가액은 오히려 밴드 하단인 41,000원으로 결정되었다.

회사 입장에서는 기관투자자와 개인투자자가 사는 주식 대금이 회사로 들어오지 않고 헤어지는 일본 훼미리마트로 가는 상황에서 굳이 공모가액을 올릴 필요가 없었을 것이다. 차라리 공모가액을 낮게 하여 새 주주들에게 많은 이익을 주는 것이 기업 이미지에도 좋을 것이다. 투자설명서에 나온 유사 기업의 상대가치를 보면 주당 55,000원 선이었고, 장외에서도 67,000원 선에 거래가 되었기 때문에 공모가액이 아주 매력적이었다. 특히 편의점주는 1~2인 가구 증가와 다양한 PB상품의 인기로 인해 미래에 대한 전망도 밝았기 때문에 청약하면 무조건 수익이 보장되는 공모주였다. 한편 BGF리테일은 시초가가 57,000원에 형성되었고, 2015년 상반기에 주가는 10만 원을 돌파하였다.

2015년에 상장한 코리아오토글라스도 전량 구주매출로 상장을 진행했다. 회사에 돈이 필요하기보다는 최대주주인 KCC와 일본 아사히글라스의 엑시트(exit) 목적이었다.

그 이후로 삼양옵틱스가 최대주주인 보고펀드의 엑시트 목적, 두산밥캣은 두산인프라코어와 두산엔진의 지분 매각 목적 등으로 100% 전량 구주매출을 했다. 이렇게 100% 구주매출 사례는 많지 않고 대부분 신주모집 또는 신주모집과 구주매출을 병행해서 기업공개를 진행했다.

구주매출 사례와 달리 신주모집으로 공모주를 진행하는 기업의 경우, 공모자금이 회사로 유입되기 때문에 '자금의 사용목적'에 대한 꼼꼼한 확인이 필요하다.

공모자금을 회사의 시설투자나 연구개발(R&D)에 사용하겠다고 명시한 기업은 미래 초과수익을 기대할 수 있으므로 긍정적인 면이 있다. 단, 회사가 속한 산업의 전망이 좋아야 할 것이다.

그렇지 않고, 회사가 운영자금이 부족하거나 빚을 갚기 위해 기업을 공개한다면 아무래도 부정적인 면이 더 강하다. 주주 입장에서는 우리 돈으로 빚이나 갚고 영업을 위한 운영자금으로만 쓴다고 한다면, 이 기업의 미래 성장성에 대해 강한 회의감이 들 수밖에 없다.

2019년 8월에 상장되었던 전자 재료 및 건축 소재 관련 기업 한국바이오젠의 투자설명서에 명시된 자금의 사용목적을 살펴보면 다음과 같다.

구 분	연구개발	시설투자	상환자금	운영자금	합계
금 액	3,350,000	3,100,000	1,000,000	999,635	8,449,635

(단위 : 천 원)

한국바이오젠은 공모주로 인해 유입되는 자금 84억 원 중 연구개발과 시설투자에 약 65억 원을 사용한다고 공시했다. 회사가 상장을 통해 조달받는 돈의 77%를 사업확장 목적에 쓴다고 하니 투자자 입장에서는 성장 가능성을 기대할 수 있다.

참고로 이 회사의 2019년 재무제표를 보면 전년도 대비 매출액 13%, 영업이익 5% 성장을 일궈냈고, 코로나19로 어려웠던 2020년 1분기도 전년도 1분기 대비 매출액 14%, 영업이익 4% 성장하는 모습을 보였다. 상장 당일 시초가 12,000원으로 공모가액 6,000원의 200% 가격에서 시작해서 상장 당일 10% 상승한 13,200원에 장을 마쳤다.

한편, 같은 2019년 8월에 상장되었던 물류 자동화시스템 설계 및 제작을 하는 기업인 코윈테크의 투자설명서에 명시된 자금의 사용목적을 살펴보면 다음과 같다.

[사례1]

2. 자금의 사용목적

구 분	시설자금	차입금 상환	연구개발 자금	운영자금	합계
금 액	14,650	6,500	10,000	36,223	67,373

(단위 : 백만 원)

코원테크는 공모주로 인해 유입되는 자금 674억 원 중 차입금 상환과 운영자금에 총 427억 원을 사용한다고 공시했다. 회사가 상장을 통해 조달받는 돈의 63%를 사업확장 목적이 아닌 빚을 갚고 운영자금에 쓴다고 하니 투자자 입장에서는 성장 가능성에 대한 의심을 품을 수밖에 없다.

물론 상장 전에 빚으로 공장을 세우고 돌리느라 돈이 부족해서 그럴 수 있다. 그러나 이익요건이 충족돼서 상장하는 기업이라면 운영자금은 연간 벌어들이는 현금흐름으로 감당할 수 있어야 하고, 들어오는 투자금은 기업을 더 키우는 데 사용하는 것이 이상적이다.

참고로 이 회사의 2020년 1분기 재무제표를 보면, 전년도 같은 분기 대비 매출액과 영업이익이 각각 34%, 90%씩 크게 감소했다. 상장 당일 시초가 31,050원으로 공모가액 34,500원의 90% 가격에서 시작해서 상장 당일 하한가로 장을 마쳤다. 그리고 안타깝게도 2020년 상반기까지 공모가액을 회복하지 못했다.

key point 6 – 어떤 사업을 하는 회사인가?

기업공개를 실시하는 기업의 투자설명서에서 '사업의 내용' 편을 반드시 읽어 봐야 한다. 내용이 길어서 읽기 힘들다면 기본적으로 어떤 산업에 속한 기업인지, 업황은 어떤지 등에 대해 뉴스를 접하는 것도 방법이다.

SK바이오팜 같은 기업은 뉴스에 매일 오르내릴 정도로 많은 정보가 쏟아져 나왔고 대부분 긍정적인 시각들이 많았다. 그러나 한 번도 들어보지 못한 기업이나 주로 B2B 사업을 하는 기업(기업 대 기업 간 거래하는 회사)에 대해서는 투자자가 직접 투자설명서를 읽어 봐야 어떤 회사인지 이해할 수 있다.

2020년 6월 공모주인 마크로밀엠브레인이란 기업에 대해 평소에 잘 들어보지 못했던 투자자가 많을 것이다. '사업의 내용' 편을 보면 리서치 서비스를 제공하는 시장조사기관이라는 것을 알 수 있다.

앞서 살펴봤던 에이프로 같은 기업의 경우 이름이 생소하지만, 투자설명서를 읽어 보면 2차전지 관련 장비를 제조하여 판매하는 회사임을 단번에 알 수 있다. 테슬라 전기자동차의 성장과 주가 상승을 고려하면, 우리가 에이프로라는 기업에 대해 깊게 알지 못해도 분명 낙수효과를 누릴 수 있을 것이라는 추정이 가능하다. 그래도 내친김에 사업에 대해 자세히 알면 투자에 도움이 되므로 반드시 살펴봐야 하는데, 전문용어들로 가득 찬 텍스트 위주라 읽기가 힘들 수 있다. 그럴 때에는 기업설명회 자료를 구해 읽어 보거나 동영상을 시청하는 것도 좋은 방법이다.

요즘은 기업설명회에 참여하기 어려운 개인투자자를 위해 〔그림11〕처럼 인터넷에서 기업설명회를 중계하기도 한다. 한국IR협의회(www.kirs.or.kr)의 IR미디어센터에 들어가면 기업설명회 관련 동영상 시청이 가능하고 IR자료도 무료로 다운로드 받을 수 있다.

그림11 **한국IR협의회 사이트의 기업설명회 중계방송**

key point 7 - 회사의 재무상태와 손익은 어떠한가?

어떤 사업을 하는 회사인지 이해했다면 그다음에는 재무제표를 확인해야 한다. '사업의 내용' 편에 글로 그럴듯하게 포장한 건 아닌지에 대한 확인은 실적으로만 증명할 수 있고, 투자자도 재무제표를 봐야 투자에 대한 확신을 가질 수 있다.

그나마 다행인 것은 재무건전성이나 실적에 대한 부분이 한국거래소의 상장승인을 위한 심사요소에 있다는 것이다. 공모주에 관한 한 투자자가 어려운 재무제표를 분석하지 않아도 그 안전성과 수익성에 대해서는 이미 검증이 되었다는 것이다.

표8 **유가증권시장의 상장요건**

	유가증권시장
매출액 및 이익 등	최근 매출액 1,000억 원 이상 및 3년 평균 700억 원 이상 &
	최근 사업연도에 영업이익, 법인세 차감 전 계속 사업이익 및 당기순이익 각각 실현 &
	다음 중 하나를 충족하면 됨
	① ROE : 최근 5% & 3년 합계 10% 이상
	② 이익액 : 최근 30억 원 & 3년 합계 60억 원 이상
	③ 자기자본 1,000억 원 이상 법인 : 최근 ROE 3% 또는 이익액 50억 원 이상이고 영업현금흐름이 양(+) 일 것
감사 의견	최근 적정, 직전2년 적정 또는 한정 (감사범위 제한에 따른 한정의견 제외)

(출처 : 한국거래소)

〔표8〕은 유가증권시장의 상장요건 중 재무제표 관련 사항이므로 참고하면 되겠다.

기본적으로 감사 의견이 적정이어야 하고 이익이 발생하며 이익 규모 요건을 충족해야 한다. 단, 코스닥시장의 기술성장기업, 한국형테슬라요건, 성장성 특례상장제도, 기술상장특례 등 특례요건으로 상장하는 기업은 현재의 재무안전성과 수익성보다는 미래 성장 가능성이 더 중요하다는 관점이므로 주의해야 한다. 이들 기업을 제외하고 코스닥시장에 상장하려는 일반기업들은 다음 실적요건 4개 중 하나를 만족해야 한다.

표9 **코스닥시장의 상장요건**

법인세 차감 전 계속 사업이익 20억 원[벤처 : 10억 원] & 시총 90억 원
법인세 차감 전 계속 사업이익 20억 원[벤처 : 10억 원] & 자기자본 30억[벤처 : 15억 원]
법인세 차감 전 계속 사업이익 있을 것 & 시총 200억 원 & 매출액 100억 원[벤처 : 50억 원]
법인세 차감 전 계속 사업이익 50억 원

(출처 : 한국거래소)

코스닥은 주로 중소기업 위주로 상장을 많이 하기 때문에 세전 이익 20억 원만 충족해도 상장이 가능하다.

보통 기업들은 실적이 가장 좋을 때를 택해 상장을 하는 것이 일반적이기 때문에 최근 손익이 과거에 비해 좋은 경우가 많다. 최고 실적을 낼 때 상장을 해야 공모가도 높게 평가되어 회사에 들어오는 자금도 많아지게 되니 기업 입장에서는 당연한 선택이다. 그런데 성장을 계속해왔던 회사가 최고점에서 상장을 진행하고 그다음 해부터 침체를 맞거나 성장이 꺾인다면 주가 또한 올라가기 힘들기 때문에 투자자는 이 점을 가장 경계해야 한다.

표10 **데브시스터즈 요약손익계산서**

	2014.01.01~ 2014.06.30	2013.01.01~ 2013.12.31	2012.01.01~ 2012.12.31	2011.01.01~ 2011.12.31
매출액	43,697,861,002	61,302,554,136	806,588,523	1,086,794,027
영업이익 (손실)	26,402,144,593	24,093,443,658	(2,513,636,386)	(1,849,079,693)
당기순이익 (손실)	23,878,304,614	22,326,467,317	(2,885,673,666)	(1,824,638,704)

(단위 : 원)

쿠키런게임으로 유명한 데브시스터즈의 경우 최고 실적을 냈던 2014년에 상장을 했다. 투자설명서에 나오는 요약손익계산서([표10] 참조)를 보면 2013년에 게임 하나로 급격히 성장했고, 2014년은 6개월 동안 이미 2013년도 1년의 영업이익을 초과달성하였음을 알 수 있다. 그러나 회사의 사업을 조금이라도 이해하는 투자자라면 계속 실적이 좋을 것이라고 기대하기는 힘들 것이다. 회사는 마땅한 차기작이 없는 상황이었고, 쿠키런게임 역시 큰 유행기를 지나는 시기였다.

회사는 상장 이듬해인 2015년에 41억 원의 영업적자를 냈고, 그 이후로 2019년까지 5년 내내 영업적자에 빠졌다.

회사의 주가는 상장 직후 공모가액 53,000원을 뛰어넘어 77,000원까지 올랐다가 그 이후부터는 계속 급격한 하향추세를 그리더니 어느덧 주가는 1만 원 밑으로 내려갔다.

꾸준하게 매출과 이익을 실현하는 기업이 투자대상으로 가장 이상적이며, 데브시스터즈같이 과거에는 좋았으나 미래가 불투명한 기업에 청약을 하고 싶다면 공모주 보유기간을 짧게 가져가기를 권한다. 또한 시초가부터 주가흐름이 강하지 않다면 빨리 매도하는 편이 낫다.

4단계.
청약 결정

청약에 대한 의사결정은 투자설명서에서 7가지 키포인트를 잘 살펴보고,
증권보고서와 뉴스 등 여러 전문가들의 의견을 종합적으로 취합하여 결정
하면 된다.

지금까지 투자설명서를 보는 방법에 대해 살펴봤다. 투자설명서에서 이 정도의 내용만 검토해도 기업을 이해할 수 있고 투자를 할지 말지 결정할 수 있다.

그래도 확신이 잘 서지 않는 독자가 있다면 2019년부터 2020년 상반기까지 90개의 공모주 통계자료를 참고하기 바란다. 반드시 이 통계자료처럼 된다는 보장은 없지만, 역사는 반복된다는 가정 하에 투자의 힌트 정도는 얻을 수 있을 것이다.

① 공모가액이 밴드 상단을 초과하여 결정된 경우는 12번이었

고, 2개 기업을 제외하고 모두 상장 당일 시초가가 공모가액보다 높았다(시초가 평균수익률 51%). 이 중 한국바이오젠과 시장조사기관인 마크로밀엠브레인은 시초가가 공모가의 2배에서 결정되었고, 지노믹트리라는 바이오기업만 시초가 상승률 9%로 가장 낮았다. 간편현금결제서비스 제공 기업인 세틀뱅크와 스마트폰과 노트북에 들어가는 강화유리 제조기업 제이앤티씨는 모두 1,200군데가 넘는 기관투자자들이 몰려 밴드 상단을 뚫는 공모가액으로 확정되었지만, 안타깝게도 상장 당일 시초가부터 내리막을 탔다.

② 공모가액이 밴드 상단에서 결정된 경우는 48개 기업으로, 전체 표본 대비 약 53%에 해당한다. 이 중 6개 기업만 시초가액이 공모가액을 하회했고, 나머지 42개 기업은 모두 공모가액을 상회하는 시초가로 주식시장에 데뷔했다. 모바일게임 제작사, 드라마 제작사, 디스플레이소재 제조사, 공정자동화시스템 기업 등 4개 회사는 시초가부터 공모가 대비 10% 빠진 상태로 시작했다. 작품 성공 여부에 대한 불확실성과 전방산업 악화에 따른 후방 제조사들이 부진을 면치 못했다.

결국 우리는 ①, ②를 통해 밴드 상단 이상으로 공모가가 결정된 60개 기업(전체 90개 기업 대비 2/3)에 청약했다면 약 67%의 확률로 시초가부터 수익을 볼 수 있었다. 종합적인 분석을 통해 옥석 가리기를 했다면 성공확률은 100%일 것이다. 참고로 필자는 이 중 일부 기업들에만 청약을 했는데, 1개 기업만 손실을 봤고 나머지는 모두 수익이 나왔다. 1개 기업에서 손실이 나와도 연간 공모주 수익 전체가 이익이기 때문에 괜찮다.

③ 공모가액이 밴드 하단에 미달하여 결정된 경우는 20번이었고, 그 중 7개 종목의 시초가가 공모가액보다 낮았다. 13개 기업 중 시초가가 공모가액의 20% 이상에서 결정된 사례도 5개나 될 정도로 투자수익률이 나쁘지 않았다. 오히려 공모가액이 낮게 결정되어 싸다는 인식이 심어지다 보니 그런 결과가 나왔을 것이다.

④ 공모가액이 밴드 하단에서 결정된 경우는 8번이었고, 이 중 5개 기업의 시초가가 공모가액보다 낮게 출발했고 나머지 3개 기업은 시초가가 공모가액보다 높았다.

결국 우리는 ③, ④를 통해 밴드 하단 이하로 공모가액이 결정될 정도로 기관투자자들의 수요예측 분위기가 좋지 않았다고 투자를 무조건 포기해서는 안 된다는 것을 알 수 있다. 오히려 싸졌기 때문에 더 좋은 투자 기회가 될 수 있다. 이는 우리가 공모가격의 위치로만 투자 의사결정을 할 수 없고, 앞서 살펴본 7가지 포인트로 종합적인 판단을 해야 하는 이유이기도 하다.

⑤ 최대주주와 재무적 투자자 등 기존 주주들의 보호예수율이 70% 이상인 기업은 90개 중 30개사나 되었다. 유통주식수가 적기 때문에 주가 상승에 도움이 된다고 생각하지만, 막상 뚜껑을 열어

보면 30개 기업 중 7개사는 시초가가 공모가액보다 낮게 형성되어 상장 즉시 손실을 맛봐야 했다. 보호예수율이 77%를 넘는 기업은 10개였는데, 이들 모두 시초가가 공모가액을 상회했고, 이 중 5개 기업이 공모가액의 2배부터 거래가 시작되었다.

　이상의 통계자료는 참고로만 활용하면 좋을 것이다. 청약에 대한 의사결정은 투자설명서에서 7가지 키포인트를 잘 살펴보고, 증권보고서와 뉴스 등 여러 전문가들의 의견을 종합적으로 취합하여 결정하면 된다. 필자 또한 블로그를 통해 지속적으로 공모기업에 대한 분석글을 포스팅하고 있으니 투자 의사결정에 도움이 되면 좋겠다.

Part 3

실전! 공모주 투자 8단계 ②

- 공모자금 마련부터 상장 후 매도까지 -

5단계.
공모자금 마련

그동안 모아놓은 종잣돈으로 공모주 청약에 참여하는 것이 가장 이상적이다. 그러나 현실적으로 현금부자가 아닌 이상 공모주 투자에 자신의 모든 현금을 쏟아붓는 사례가 많지는 않을 것이다. 따라서 현금부자가 아닌 일반투자자의 경우, 공모주 청약에 돈이 묶이는 기간은 2일, 주말을 끼더라도 4일이기 때문에 짧은 기간 동안 조달 가능한 방법을 찾아야 한다.

지금부터는 아래 보이는 8단계 중에서 공모자금을 마련한 후 청약을 신청하고 환불금을 정산받고, 상장 후 매도하는 나머지 4단

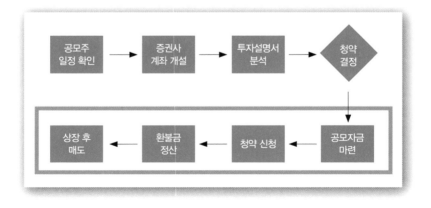

계를 알아보도록 하자. 투자설명서를 분석한 후 청약을 하기로 결정했다면 그다음에 할 일은 자금을 마련하는 것이다.

공모주 규모에 따라 개인이 청약할 수 있는 금액과 주식수는 한정되어 있으므로 아무리 동원 가능한 현금이 많다고 해도 다 청약할 수는 없다.

그렇기 때문에 우선 확인해야 하는 사항은 청약한도이다. 투자설명서에 개인투자자별로 청약 가능한 주식수가 나오므로 이를 참조하면 된다. 청약 단위 또한 정해져 있기 때문에 단위 수를 끊어서 청약해야 한다. 또한 증권사마다 우대조건도 다르므로 청약 단위가 제각각인 경우가 있다. 지금부터는 청약한도, 증거금, 우대조건 등에 대해 살펴보고, 현실적으로 공모자금을 어떻게 마련해야 할 것인가에 대해서도 살펴보도록 하자.

청약한도

기업의 규모가 클수록 모집가액도 크고 이에 비례해서 개인투자자가 청약할 수 있는 한도도 커진다. 반면 작은 규모의 코스닥 기업이 상장할 때는 모집가액이 적기 때문에 개인투자자의 청약한도 또한 작은 편이다.

개인이 하나의 증권사에 여러 개의 계좌를 가지고 있어도 청약은 하나의 계좌에서만 가능하다. 그러나 주관사뿐만 아니라 여러 증권사(인수인)가 같이 참여하는 경우에는 해당 증권사에 각각 공모주 청약을 할 수 있으니 증권사 계좌는 꼭 챙겨 놔야 한다. 사례를 들어 설명하는 것이 이해하기 쉬울 것이다.

SK바이오팜의 투자설명서 중 〔공모주식의 배정내역〕을 보면 다음과 같다.

[사례]

【공모방법: 일반공모】

공모대상	주식수	배정비율	비고
일반공모	15,662,648주	80.0%	고위험 고수익투자신탁 배정수량 포함
우리사주조합	3,915,662주	20.0%	우선배정
합계	19,578,310주	100.0%	-

【일반공모주식 배정내역】

공모대상	주식수	배정비율	주당 공모가액	일반공모총액
일반청약자	3,915,662주	20.00%	49,000원 (주1)	191,867,438,000원
기관투자자	11,746,986주	60.00%		575,602,314,000원
합계	15,662,648주	80.00%		767,469,752,000원

회사는 19,578,310주를 공개모집 할 예정인데 이 중 20%는 회사의 우리사주조합에, 60%는 기관투자자에게 돌아가고, 개인투자자

에게는 전체 발행예정 주식의 20%만 배정한다. 만약 기업공개 예정인 회사 내부에 우리사주조합이 없다면 기관투자자에게 80%, 개인투자자에게 20% 배정한다. 개인투자자 20% 배정 비율은 뒤에 나오는 리츠 상품을 제외하고 모든 공모주에서 동일하다. 리츠 상품은 기관투자자와 개인투자자에게 각각 50%씩 배정한다.

개인투자자에게 배정되는 수량은 3,915,662주이고, 모집총액은 약 1,919억 원임을 알 수 있다. 이 공모주의 공동 대표주관사는 NH투자증권과 한국투자증권이 맡았고, SK증권과 하나금융투자가 인수를 했다.

NH투자증권과 한국투자증권의 청약한도를 투자설명서의 본문에서 찾아보면 아래와 같다.

그림12 **NH투자증권㈜의 일반청약자 배정 물량, 최고 청약한도 및 청약증거금율**

【 NH투자증권㈜의 일반청약자 배정물량, 최고청약한도 및 청약증거금율 】

구 분	일반청약자 배정물량	최고 청약한도	청약증거금율
NH투자증권㈜	1,801,898주	72,076주	50%

주) NH투자증권㈜의 일반청약자 최고청약한도는 72,076주이나 NH투자증권㈜의 우대기준 및 청약단위에 따라 36,038주(0.5배), 108,113주(1.5배), 144,151주(2배), 180,189주(2.5배)까지 청약이 가능합니다.

그림13 **한국투자증권㈜의 청약한도 및 청약 단위**

【 한국투자증권㈜의 일반청약자 배정물량, 최고청약한도 및 청약증거금율 】

구　분	일반청약자 배정물량	최고 청약한도	청약증거금율
한국투자증권㈜	1,212,816주	40,000주	50%

주) 한국투자증권㈜의 일반 고객 최고청약한도는 40,000주이며, 우대 고객의 경우 80,0
00주(200%), 최고 우대고객의 경우 120,000주(300%)까지 청약이 가능하고, 온라인
전용 고객의 경우 20,000주(50%)주까지 청약 가능합니다.

　　　NH투자증권과 한국투자증권에 거래실적이 없어서 일반청약
자(일반고객) 요건에도 못 미치는 개인투자자라면 청약 가능한 주
식수와 필요한 자금은 다음과 같다.

표11 **일반청약자 청약 가능 주식수와 필요 자금**

증권사	청약가능 주식수(a) (주)	주당 공모가액(b) (원)	증거금 [(a)×(b)× 50%] (원)
NH투자증권㈜	36,038	49,000	882,931,000
한국투자증권㈜	20,000	49,000	490,000,000
합계	56,038	49,000	1,372,931,000

　　　한편 공동인수사인 SK증권의 청약 가능 주식수는 50,000주, 하

나금융투자는 17,000주, 실적이 있는 우대고객은 34,000주까지 배정한다고 되어 있다.

각 증권사별 청약 단위표 역시 투자설명서 본문에서 찾을 수 있는데, 공동주관사인 NH투자증권과 한국투자증권의 일반청약자 청약 단위는 다음과 같다.

그림14 **NH투자증권㈜의 일반청약자 청약 단위**

【 NH투자증권㈜ 청약주식별 청약단위 】	
청약주식수	청약단위
10주 이상 ~ 100주 이하	10주
100주 초과 ~ 500주 이하	50주
500주 초과 ~ 1,000주 이하	100주
1,000주 초과 ~ 5,000주 이하	200주
5,000주 초과 ~ 10,000주 이하	500주
10,000주 초과 ~ 30,000주 이하	1,000주
30,000주 초과 ~ 60,000주 이하	2,000주
60,000주 초과	5,000주

주) 청약주식수가 10,000주 초과~30,000주 이하일 경우 청약단위는 1,000주이며 30,000주 초과~60,000주 이하일 경우 청약단위는 2,000주이며, 60,000주 초과일 경우 청약단위는 5,000주이나, 우대기준에 따라 36,038주(0.5배), 72,076주(1배), 108,113주(1.5배), 144,151주(2배), 180,189주(2.5배)까지 청약이 가능합니다.

그림15 **한국투자증권㈜의 일반청약자 청약 단위**

【 한국투자증권㈜ 청약주식별 청약단위 】

청약주식수	청약단위
10주 이상 ~ 100주 이하	10주
100주 초과 ~ 500주 이하	50주
500주 초과 ~ 1,000주 이하	100주
1,000주 초과 ~ 10,000주 이하	200주
10,000주 초과 ~ 30,000주 이하	500주
30,000주 초과 ~ 50,000주 이하	1,000주
50,000주 초과 ~ 100,000주 이하	2,000주
100,000주 초과 ~ 120,000주 이하	5,000주

13억7,293만 원 이상의 넉넉한 자금을 가지고 있는 개인투자자라면 양쪽 계좌에 모두 신청 가능하고, 큰돈을 갖고 있지 않은 투자자라면 NH투자증권, 한국투자증권 및 인수사인 SK증권, 하나금융투자 중에 골라서 청약 단위에 맞게 청약하면 된다. 증권사별 청약 단위와 청약한도가 다르기 때문에 큰돈을 청약하는 투자자는 증권사에 고루 배분하는 것도 가능하다.

증권사별로 청약 단위가 제각각이며 단위수를 10, 50, 100, 1,000주 등으로 끊어서 신청하게 되어 있으므로 계산에 주의해야 한다. 잘못 계산하거나 경쟁률이 높은 곳에 청약을 하면, 배정받는 주식수가 확연히 달라질 가능성이 크다.

우대조건

앞에서 살펴본 바와 같이 증권사는 거래실적에 따라 고객의 청약 자격을 제한하는 경우가 있다.

2020년 상반기까지 살펴보면 NH투자증권, 한국투자증권, 미래에셋대우, 삼성증권, KB증권(이하 '5개 증권사')에서 공모주 주관사나 인수사를 많이 맡았다. 여유가 된다면 이들 증권사가 요구하는 청약 자격 기준을 맞추는 것이 좋다.

만약 자주 주관사를 맡는 증권계좌의 자격 요건이 충족되지 않으면, 청약한도의 50%밖에 공모주를 청약할 수 없기 때문에 돈이 있어도 많이 청약하지 못하는 사태가 발생한다. 여유가 되어 우대 요건까지 충족하면 더할 나위 없겠지만, 일반요건은 돈이 많지 않아도 가능한 방법이 있으니 증권사의 요구사항을 확인해보자.

〔그림16〕~〔그림17〕은 2020년 상반기 현재 NH투자증권과 한국투자증권의 홈페이지에 나와 있는 자격 요건이다.

필자의 경우에는 일반주식 거래나 CMA 예치로 평잔을 맞추는 방법으로 일반자격을 충족시키고 있다. 증권사마다 일반청약 자격을 맞추는 다양한 방법이 제시되어 있으니 투자자의 상황에 맞게 충족시키면 좋을 것이다.

그림16 **NH투자증권 청약 자격 요건**

구분	기본한도			우대한도					
한도	자산일평잔	주식약정	신규/재유입	장기연금형 주1)	장기연금형(적립식펀드) 주2)	적립식펀드	임의/거치식펀드	ELS(B)/DLS(B)	수익기여도
250%	해당 없음	해당 없음	해당 없음	직전월말 3개월 평잔 매수잔고 1,800만원 이상	직전 6개월 중 3회 이상 월 150만원 이상				
200%	해당 없음	해당 없음	해당 없음	직전월말 3개월 평잔 매수잔고 1,000만원 이상	직전 6개월 중 3회 이상 월 50만원 이상	직전 8개월 중 6회 이상 월 100만원 이상	직전월말 3개월 평잔 매수잔고 2천만원 이상	직전 3개월간 총 2천만원 이상 배정 (3개월간 유효)	직전 3개월간 100만원 이상
150%	해당 없음	해당 없음	해당 없음	직전월말 3개월 평잔 매수잔고 400만원 이상	직전 6개월 중 3회 이상 월 30만원 이상	직전 8개월 중 6회 이상 월 50만원 이상	직전월말 3개월 평잔 매수잔고 1천만원 이상	직전 3개월간 총 1천만원 이상 배정 (3개월간 유효)	직전 3개월간 50만원 이상
100%	직전 3개월간 3천만원 이상	직전 3개월간 1억원 이상	① 직전 3개월 내 당사 최초 신규, ② 직전월 중 재유입, ① 또는 ②에 해당하는 고객으로 직전월말 1억원 이상	※ 거치식펀드(장기연금혼상품 포함)는 청약 직전월말 기준 3개월 펀드 평잔으로 자격이 주어짐 ※ 적립식펀드(장기연금혼상품 포함)는 적립개월수에 맞는 펀드 잔고가 반드시 필요함 예) 30만원×6개월(3개월) = 180만원(90만원)의 상품 잔고가 필요함 ※ 동일월에 매수, 환매를 반복하는 경우 청약자격 산정 시 자격에서 제외될 수 있음 (매수, 환매 2회이상) ※ 청약'신청'일 직전월까지 반드시 상품 잔고를 보유하고 있어야 함				
50%	청약개시일 직전일까지 개설된 청약 가능 계좌 보유 고객 (온라인(홈페이지)/HTS/MTS 청약만 가능)								

그림17 **한국투자증권 청약 자격 요건**

구분	고객 정보	고객 가입 정보
청약자격	영업점계좌 (뱅키스다이렉트), 뱅키스 계좌	영업점계좌(뱅키스다이렉트 포함) : 청약초일 개설분
		제휴은행 뱅키스계좌(온라인 추가개설, 스마트폰 개설 계좌) : 청약일까지 개설분
청약한도	최고우대(청약한도 300%, 청약채널 : 온라인/오프라인)	청약일 전월 기준 아래 2가지 요건을 모두 갖춘 고객 - 청약일 직전월 3개월 자산 평잔 1억원 이상 - 청약일 전월 말일 잔고 5억원 이상
	우대(청약한도 200%, 청약채널 : 온라인/오프라인)	1. 청약일 현재 또는 전월 말일기준 골드등급 이상 고객
		2. 청약일 기준 당사 퇴직연금 (DB형, DC형, IRP계좌) 가입고객 - 단, IRP계좌는 청약일까지 1천만원 이상 입금한 고객
		3. 청약일 전월 말일기준 연금상품 펀드매입금액이 1천만원 이상인 고객
		4. 청약일 직전월 3개월 자산 평잔 5천만원 이상
		5. 청약일 직전월 3개월 주식약정 1억원 이상
	일반(청약한도 100%, 청약채널 : 온라인/오프라인)	청약 직전월 3개월 자산 평잔 3천만원 이상
		청약 직전월 3개월 주식약정 3천만원 이상

증권사별 우대조건과 청약 단위에 따라 마련해야 하는 자금액이 변동되므로 미리 계산해놓는 것이 좋다.

한편, 앞에서 언급했듯 규모가 작은 기업의 경우 청약한도가 작을 수밖에 없다. 이런 기업에 공모주를 청약하려고 하면 경쟁률이 수백 대 1에서 수천 대 1을 넘기 일쑤여서 막상 얻는 수익이 크지 않다. 따라서 가장 현실적인 대안은 가족 계좌를 모두 동원하는 방법이다.

이와 관련해 증여세 이슈가 있는 것은 아닌지 의문이 들겠지만, 금융실명제법에서는 공모주 투자 용도로 가족 계좌를 사용해도 큰 문제가 없는 것으로 되어 있다. 2014년 11월 29일부터 시행되고 있는 금융실명제법(일명 차명거래금지법)에 따르면, 가족 계좌를 사용해도 차명거래 금지 대상이 되지 않는 것이다(선의의 차명거래인 경우 '1인당 한도 이상의 공모주를 청약하기 위한 차명계좌'에 해당). 단, 공모주 주식을 배정받고 주식과 환불금을 본인 명의 계좌로 입고해야 증여로 간주되지 않음을 덧붙인다. 연말 주주명부 폐쇄기간까지 타인 계좌에 공모주를 유지하거나 배당을 받으면 증여로 간주된다.

공모자금 마련 방법

그동안 모아놓은 종잣돈으로 공모주 청약에 참여하는 것이 가장 이상적이다. 그러나 현실적으로 현금부자가 아닌 이상 공모주 투자에 자신의 모든 현금을 쏟아붓는 사례가 많지는 않을 것이다. 따라서 현금부자가 아닌 일반투자자의 경우, 공모주 청약에 돈이 묶이는 기간은 2일, 주말을 끼면 4일이기 때문에 짧은 기간 동안 조달 가능한 방법을 찾아야 한다.

필자의 경우, 집에 묶여 있는 돈과 주식을 제외한 나머지 자금은 청약 자격을 요구하는 각 증권사들의 CMA에 골고루 예치해서 일반요건을 충족시켜 놓는다.

그러다가 공모주 청약 건이 생기면 자금을 모두 출금하여 청약한다. 필자 역시 가지고 있는 돈이 한정되어 있기 때문에 공모자금을 조달하기 위한 가장 대표적인 방법이라 할 수 있는 마이너스통장을 이용한다. 주거래은행에서 받을 수 있는 최대치로 마이너스통장을 개설하여 공모주 청약 때마다 활용하고 있다.

그다음으로 하는 방식은 보험사로부터 보험계약대출을 받는 것이다. 가입한 보험의 해지환급금 범위 내에서 일정 금액을 원하는 기간 동안 대출받을 수 있다. 〔그림18〕은 필자가 가입한 보험상품이 있는 삼성생명의 보험계약대출 화면이다. 각 보험사마다 요건과 화면구성이 다르지만, 이렇게 대출을 받을 수 있다는 점을 알면 요긴하게 사용할 수 있다.

그림18 삼성생명 보험계약 대출 화면

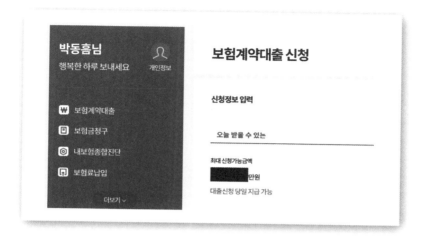

그 외에 자신이 가입한 연금저축이나 펀드를 담보로 하여 대출받는 상품들도 있고, 스탁론을 활용하는 방법도 있다. 자신이 보유한 계좌의 주식과 예수금의 2~3배까지 자금을 빌려주는 제도로서, 요즘은 마이너스통장 방식으로 운영하는 금융사도 있기 때문에 굳이 긴 기간 동안 자금을 빌리지 않아도 된다.

그러나 시중은행보다 대출금리가 높은 편이기 때문에 청약 전에 셈을 잘 해봐야 한다. 즉, 내가 청약을 해서 받을 수 있는 주식수에 주당예상이익을 곱한 금액, 즉 투자수익이 대출이자, 세금, 수수료 등 발생되는 모든 비용, 다시 말하면 지출액과 비교하여 충분히 남는 장사인지 확인해야 할 것이다.

요즘은 은행금리가 워낙 낮기 때문에 자금력이 있는 친인척이나 지인으로부터 2~4일 정도 자금을 빌리고, 시중의 이자율만큼의 이자를 지급해도 크게 무리는 없을 것이다. 아니면 재테크에 관심이 많은 친인척이나 지인들과 투자조합이나 펀드를 결성해보는 것도 소액으로 투자하기에 좋은 방법이 된다. 단, 정말 친분과 신뢰가 두터운 사이에서만 가능할 것이다.

결론은 자금이 짧은 기간 필요하다는 점에 초점을 맞춰서 본인에게 가장 맞는 자금조달 방법이나 투자 방법을 찾아야 할 것이다.

6단계.
청약 신청

공모주에 대한 확신이 있고 자금에 여유가 있으며 무슨 일이든 빨리 처리
해야 직성이 풀리는 투자자는 첫날 바로 공모주 청약을 한다. 그러나 대
다수의 투자자들은 대개 2일차에 청약을 하는 편이다. 공모주를 위해 대
출이나 마이너스통장을 이용하는 경우, 하루라도 이자 비용을 아껴야 하
므로 마지막날 청약을 하는 것이 좋다.

청약은 2일간 진행되고, 증권사 영업점이나 온라인으로 신청이 가능하다. 모든 증권사의 MTS(Mobile Trading System) 애플리케이션이 잘 갖춰져 있기 때문에 언제 어디서나 자유롭게 청약할 수 있다.

공모주에 대한 확신이 있고 자금에 여유가 있으며 무슨 일이든 빨리 처리해야 직성이 풀리는 투자자는 첫날 바로 공모주 청약을 한다. 그러나 대다수의 투자자들은 대개 2일차에 청약을 하는 편이다. 공모주를 위해 대출이나 마이너스통장을 이용하는 경우, 하루라도 이자 비용을 아껴야 하므로 마지막날 청약을 하는 것이 좋다.

또한 대기업 공모주인 경우 주관사가 1개 이상일 때가 많은데, 증권사마다 경쟁률이 서로 다르기 때문에 2일차 늦은 시간까지 눈치를 살피는 것이 좋다.

표12 **SK바이오팜의 4개 청약 주관사 및 경쟁률**

주관사 및 인수사	경쟁률
NH투자증권	325.17:1
한국투자증권	351.09:1
SK증권	318.08:1
하나금융투자	323.18:1

SK바이오팜이 대표적인 사례인데, 앞서 살펴본 대로 4개의 증권사에서 청약이 가능했다. 위의 표는 2일간의 공모주 청약을 접수하고 집계된 공모주 청약경쟁률 현황이다.

[표12]를 기준으로 각 증권사에 20,000주씩 청약을 한다면, 한국투자증권에서는 57주를 받을 수 있는 데 반해, SK증권에서는 63주까지 받을 수 있다. 모든 증권사 계좌를 보유했다면 막판 눈치작전을 통해 최대 배정이 가능할 것이고, 증권사 계좌가 1, 2개

밖에 없다면 선택의 폭이 좁아진다.

국민주라고 할 수 있었던 2014년의 제일모직 공모주의 경우, 무려 6개의 증권사에서 청약을 받았다. 당시 우리투자증권(現NH투자증권)의 경쟁률이 159.7:1인 데 반해, 신한금융투자는 330.2:1의 경쟁률을 기록했다. 20,000주를 청약한다면 우리투자증권에서 125주나 받을 수 있는데, 신한금융투자에서 청약한 개인투자자는 60주밖에 받지 못한다. 1주당 약 9만 원 정도의 투자수익이 나왔기 때문에 투자수익의 차이는 무려 585만 원이나 된다.

중·소형주는 단독주관하는 경우가 많아서 1군데의 증권사에만 청약을 할 수 있지만, 대형주는 단독주관이 불가능하고 항상 공동주관, 공동인수 하기 때문에 여러 증권사에 청약이 가능하다. 따라서 청약 이튿날 청약 마감시간 오후 4시의 한 시간 전인 오후 3시쯤 증권사들의 경쟁률을 실시간으로 살피면서 경쟁률이 가장 낮은 곳에 송금하고 청약을 하는 것이 가장 좋다.

한편, SK바이오팜처럼 청약 후 이익에 대한 확신이 높은 경우도 있지만, 그렇지 않은 경우도 있다. 오히려 부담해야 하는 이자비용보다 이익이 적을 수 있으니 경쟁률을 보면서 청약 신청을 판단해야 한다.

2019년 10월 7일(월)과 8일(화)에 청약했던 핀테크 전문기업 아톤이라는 코스닥기업을 예로 들어보자. 핫한 업종인 만큼 기관투자자 957군데가 수요예측에 참여했고, 공모가는 밴드 상단인 43,000원에 결정되었다. 10월 9일 한글날이 휴일인 관계로 환불은 10월 11일 금요일에 되었다. 즉 10월 8일 청약 마지막날로부터 정확히 2영업일 이후이다. 1인당 청약한도는 2,871주인데, 전량 마이너스통장을 이용하여 청약한다고 가정해보자.

투자자가 금리 4%로 이자를 부담한다면 이 투자자가 3일 동안 부담해야 하는 이자 비용은 20,294원(2,871주×43,000원×50%(증거금율)×4%×3/365)이 된다.

이 투자자의 경우 청약수수료를 포함해 최소 20,294원 이상의 이익을 내야 한다. 그런데, 청약 2일째 오후에 보니 이미 청약경쟁률이 500:1을 돌파하고 있었다. 남은 시간과 진행상황을 보니 600:1은 족히 될 것 같다. 그렇다면 이 투자자는 청약을 하는 것이 맞을까?

신청수량이 2,871주인데 600:1이 넘으면 실제로 배정받는 주식수는 5주(2,871주/600=4.8)에 불과하다. 투자설명서를 보니 유사 기업들의 비교가치가 56,592원으로 되어 있다. 유사 기업만큼 주가가 오른다고 가정하면 주당 약 13,600원의 이익을 낼 수 있을 것으로 기대된다. 그렇다면 이 투자자가 기대하는 총 투자수익은 13,600×5주=68,000원에 불과하다. 약 68,000원을 벌기 위해서 이자 비용 20,294원을 지불하는 것은 그리 좋은 투자가 아님을 누구나 알 수 있다.

실제로 이 기업은 경쟁률 653.9:1을 기록해서 4주밖에 배정받지 못했고, 주가는 상장일 시초가 46,050원으로 시작해서 최고가 49,700원을 찍은 후 아직까지 공모가액을 회복하지 못하고 있다. 최고가에 매도를 해도 26,800원 밖에 못 벌기 때문에 이자 비용을 제외하면 남는 게 거의 없다. 이렇게 규모가 작은 중·소형주의 청약경쟁률이 너무 높을 때에는, 손익에 대한 계산을 먼저 한 후, 청약을 할지 말지 의사결정을 해야 한다.

한편, 청약경쟁률을 정확히 예측할 수는 없지만, 과거 사례를 보면서 어느 정도 예상은 할 수 있다.

공모 규모가 작을수록 즉, 작은 기업일수록 공모주 청약경쟁률이 높고, 공모 규모가 큰 대기업일수록 청약경쟁률이 낮게 형성된다. 시중에 떠도는 유동자금이 어느 정도 한계가 있기 때문에 인기 있는 기업이라고 경쟁률이 무조건 높아질 수는 없다.

제일모직 공모주가 사회적인 이슈가 되었을 때 청약경쟁률이 500:1이 넘을 것이라는 소문이 나돌기도 했는데, 그건 우리나라 자금 규모를 잘 알지 못해 퍼진 잘못된 정보에 지나지 않는다.

'소문난 잔치에 먹을 것 없었던' 것으로 유명했던 삼성생명 공모주 때는 시중자금 20조 원 정도가 유입되었고, 삼성에스디에스는 15조 원 수준이었다. 2014년에 가장 핫했던 제일모직에 30조 원이 몰렸지만 6개 증권사의 단순 평균경쟁률은 214:1이었으니, 우리나라의 유동자금 규모를 고려하면 이런 규모의 대기업 공모주 청약에 500:1이 넘는 경쟁률은 절대 나올 수 없는 수치다.

역사는 반복된다고 2020년에 가장 핫했던 SK바이오팜도 청약 전에 500:1, 심지어는 1000:1을 예상하는 사람들이 있었다. 그러나 역시 최종 청약자금은 제일모직을 약간 상회하는 약 31조 원에 청약경쟁률은 323:1을 기록했다.

이렇듯 시중에 떠도는 여유자금이 한정되어 있기 때문에 청약 경쟁률은 어느 정도 예측이 가능하다. 삼성, SK 같은 대기업 계열사 공모주가 있을 때는 워낙 시중의 기대감이 높기 때문에 기본적으로 수십조 원이 동원된다. 그 이하 규모의 공모주 청약 때는 시중 자금이 그렇게 많이 들어오지 않는다. 인기 있는 중·대형급 기업이 상장할 때는 5조 원 초과, 인기 있는 소형급 기업이 상장할 때는 5조 원 이하 정도이다.

SK바이오팜 청약이 끝나고 다음날부터 동시에 진행된 위더스제약과 신도기연 공모주 청약에 청약증거금이 각각 2조7,500억 원, 2조 원이 들어왔다. 제약·바이오 열풍과 폴더블 디스플레이 관련 기업이라 인기 있는 소형급으로 볼 수 있다. 두 기업에 청약 증거금으로 총 5조 원 가까이 들어온 것이다. 이는 필자처럼 괜찮은 공모주 위주로 꾸준히 투자하는 사람들이 많지만, 대형주가 나올 때만 투자하는 투자자가 더 많다는 것을 반증하기도 한다.

매번 SK바이오팜 같은 좋은 투자처가 나와준다면 좋겠지만 그런 기회가 많지 않으니 필자처럼 규모가 크든 작든 관계없이 꾸준히 공모주 투자에 집중하는 것도 괜찮은 전략이다. SK바이오팜처럼 한 번에 큰 수익을 내면 짜릿함을 느끼겠지만, 얼짜 중·소형 공모주 10개 정도에 잘 투자해도 SK바이오팜만큼 수익을 낼 수 있다. 물론 10번에 나눠서 하니 힘들고 성취감이 덜하겠지만, 결론적으로 같은 결과값을 얻을 수 있으니 안 할 이유는 없다.

공모주는 이렇게 작은 수익이 모여서 목돈을 만들어내기 때문에 1년, 5년, 10년 지나서 투자결산을 할 때쯤이면, 아마 필자처럼 큰 성취감을 느낄 수 있을 것이다. 중요한 것은 꾸준함이다.

7단계.
환불금 정산

투자설명서에 나오는 납입기일이 투자자에게 환불일이 된다. 공모자금이 상장하는 기업에 들어가는 날인데, 경쟁률에 의해 배정받고 남는 자금은 모두 투자자에게 환불되는 것이다.

청약일로부터 2영업일이 지나면 증거금에서 배정받은 주식수×공모가액을 제외한 금액이 전액 환불된다.

투자설명서에 나오는 납입기일이 투자자에게 환불일이 된다. 납입기일은 공모자금이 상장하는 기업에 들어가는 날인데, 경쟁률에 의해 배정받고 남는 자금은 모두 투자자에게 환불된다. 모바일이나 인터넷으로 청약하면 수수료가 없으니 정확히 배정받은 주식수×공모가액을 제외하고 다 환불받는다. 예를 들어 1억 원을 증권계좌에 입금하고 2억 원어치를 청약했는데 경쟁률이 100:1이어서 200만 원만 주식 배정을 받았다면, 9,800만 원이 2영업일 후에 증권계좌로 들어온다.

월요일과 화요일에 청약했던 공모주라면 목요일에 환급이 되고, 목요일과 금요일에 청약했던 공모주라면 그다음 주 화요일에 환급이 되는 것이 원칙이다. 단, 예외적으로 증권사나 대상 기업 사정상 환급일이 하루 빨라지는 경우도 일부 있다. 원칙적으로 목요일이나 금요일에 청약 날짜가 걸리면 환급일까지 주말이 포함되므로, 대출금으로 청약한 투자자는 4일치의 이자 비용을 부담해야 한다.

표13 **청약기일 및 납입기일 표 사례**

청약기일	납입기일	청약공고일	배정공고일
2020.06.23~2020.06.24	2020.06.26	2020.06.23	2020.06.26

환불금은 환불일 당일 아침 7시 정도면 MTS나 HTS 등을 이용해 찾을 수 있으므로 굳이 증권사 영업시간까지 기다릴 필요가 없다. 빨리 찾아서 대출금을 갚는 것이 정신건강에 좋다.

청약 일정이 몰리는 상황에서는 다음 공모주 청약을 위해 환불금으로 대출금을 갚는 대신, 다음 공모주 관련 계좌에 돈을 옮겨놔야 하니 1주일 단위로 청약 스케줄을 확인하는 것이 좋다. (38페이지, 〔그림 3〕 참조)

8단계.
상장 후 매도

매도 시에 가장 참고할 만한 수치는 장외시장에서 거래되는 가격, 투자설
명서에 표시된 비교가치 주당평가액 정도가 될 것이다. 하지만 상장 당일
막상 뚜껑을 열어 보면 주가가 이 수치와 반드시 비례하지는 않는다. 큰
기대와 높은 관심 속에 상장하는 기업들은 비교가치 주당평가액과 장외가
격을 뛰어넘는 가격에서 시초가가 형성되기도 하지만 그렇지 않은 경우도
많다.

주식은 사는 것보다 파는 것이 더 어렵다는 말이 있다. "팔고 나면 오르는 게 주식이고, 특히 내가 팔면 오른다."는 우스갯소리도 있을 만큼, 주식은 매수보다 매도가 어려운 건 맞는 것 같다. 특히 공모주는 더욱 그러하다. 주가는 기업의 가치만큼 시장에서 인정받는 것이 타당하지만, 공모주는 특성상 상장 초기에 급등락을 하거나 적정가치 이상으로 오버슈팅 되는 경우도 부지기수다. 왜냐하면 시장의 신규 상장주에 대한 기대심리는 물론이고, 수급과 보호예수 물량 등에 크게 영향을 받기 때문이다.

상장일은 특별한 일이 없으면 통상 납입기일(환불일)에서 7영업일 이내에 정해지는데, 정확한 상장일은 한국거래소, 장외주식 사이트 및 뉴스 검색 등을 통해 확인할 수 있다.

상장일 아침 9시 정각에 형성되는 가격을 시초가라고 한다. 시초가는 공모가액의 90%에서 200% 사이에 결정된다. 즉 공모가액 10,000원짜리 기업이 상장을 한다면, 시초가는 9,000원에서 20,000원 사이의 매수, 매도호가 사이에서 결정된다. 20,000원에 시초가가 결정되고 상한가로 마감된다면, 상장일 종가는 26,000원이 된다. 이 경우 수익률은 (26,000 – 10,000)/10,000＝160%가 된다. 2015년 6월 15일에 주식시장의 상·하한가 폭이 30%로 확대되면서 상장일에 160%의 수익률을 안겨준 공모주가 속출했다. SK그룹의 SK디앤디가 2015년에 그 첫 테이프를 끊었고, 2019년부터 2020년 상반기까지 상장한 공모주 90개 중 12개가 시초가 더블을 기록했다.

상장일의 공모주 가격 변동폭이 많이 커졌기 때문에 청약도 신중해야 하고 매도 타이밍도 잘 정해야 한다.

매도 시에 가장 참고할 만한 수치는 장외시장에서 거래되는 가격, 투자설명서에 표시된 비교가치 주당평가액 정도가 될 것이다. 하지만 상장 당일 막상 뚜껑을 열어 보면 주가가 이 수치와 반드시 비례하지는 않는다. 큰 기대와 높은 관심 속에 상장하는 기업들은 비교가치 주당평가액과 장외가격을 뛰어넘는 가격에서 시초가가 형성되기도 하지만, 그렇지 않은 경우도 많다.

결국 투자자 스스로 매도금액과 타이밍을 정할 수밖에 없다. 이때는 시초가에 파는 전략, 상승세가 꺾이는 시점에 파는 전략, 외국인과 기관 수급에 따라가는 전략 등 다양한 매도 전략이 있을 것이다. 모든 사람이 최고점에서 팔 수 있는 능력이 있는 것은 아니기 때문에 한 번에 다 팔겠다는 생각보다는 나눠서 파는 분할매도 방식을 권한다.

14년간 공모주를 청약해서 매도했지만 필자 역시 어떻게 파는 방법이 좋은 건지 딱 잘라 말하기는 어려운 것 같다. 필자는 한국항공우주처럼 기업실적과 성장성이 우수하여 아주 오랜 기간 보유한 기업도 있었지만, 대부분은 오버슈팅 후 상승세가 꺾이는 시점부터 분할매도 했다.

매도 시점을 정확히 맞추는 방법을 제시하기는 어렵지만, 다음과 같이 2019년과 2020년 상반기 공모주 통계 분석이 많은 힌트를 줄 수 있을 것 같다.

2019년과 2020년간 90개의 공모주의 경우 시초가 평균수익률은 33%, 상장일 종가 평균수익률은 35%였다. 즉, 투자설명서에 대한 분석 없이 모든 종목에 다 투자하고 시초가나 상장일 종가에 매도해도 30%가 넘는 수익률을 올릴 수 있다. 그러나 SK바이오팜처럼 상장 후 3일째에 급등하는 종목도 있고, 시초가 때 바짝 오르고 수익실현 물량이 쏟아지면서 폭락하는 경우도 생기기 때문에 결국은 일률적인 매도 원칙이 바람직하지는 않을 것이다.

2019년 5월에 상장한 수젠텍은 시초가부터 공모가액을 하회하기 시작하여 상장 석 달 만에 반토막 나기도 했지만, 지금은 공모가액 대비 3배 이상 올랐으니 기업에 대한 자세한 분석 없이 매수, 매도 타이밍을 찍는 것은 참으로 어려운 일이 아닐 수 없다.

표14 **2019년 상장된 5개 기업 실적과 투자수익률**

기업명	매출 증가율 (2020년 vs 2019년)	시초가 수익률	시초가 대비 수익률 (2020년 7월)
라온피플	41%	−5%	102%
아이티엠반도체	74%	3%	128%
씨에스베어링	58%	0%	115%
레이	42%	26%	87%
리메드	132%	8%	111%

〔표14〕처럼 실적이 뒷받침되고 많은 기대를 모은 기업은 주가가 계속 오르는 모습을 보여주었다. 레이를 제외하고 시초가 대부분이 별 볼일 없었지만 결국 실적 증가에 비례하여 주가는 큰 폭으로 상승했다.

회사가 속한 산업과 실적을 고려해 오래 보유할지, 시초가에 던

질지 결정한 후에 매도 주문을 내는 것이 좋으며, 확신이 없을 때는 상장일 시초가부터 조금씩 파는 분할매도 전략도 괜찮다. 유사 기업 대비 공모가액이 할인된 상태라 투자자는 이미 안전마진을 확보했기 때문에, 상장일 시초가가 장외가격이나 유사 기업 가치보다 높게 형성된다면 매도를 시작하는 것도 좋은 전략이다.

Part 4
박 회계사의
공모주 투자 사례

SK바이오팜 :
무조건 오르는 종목

그래도 수년간 한국의 수많은 제약·바이오기업들이 계속 글로벌 시장의
높은 문턱을 두드리고 있고, 코로나19로 인해 K방역과 진단키트 수출로
충분히 가능성을 보여줬다. 이제 제약·바이오는 유럽과 미국의 글로벌
제약사와 경쟁을 해봄 직한 수준까지 올라왔기 때문에 회사의 펀더멘털을
믿고 장기투자를 하는 것도 괜찮을 것으로 판단했다.

지금부터는 2019년 하반기부터 2020년 7월 사이에 청약부터 매도까지 진행했던 3개 공모주의 사례를 살펴보도록 하자. 앞서 설명했던 공모주 투자 8단계를 하나씩 밟아가며 필자의 공모주 투자 경험을 소개하려 한다. 투자설명서 분석처럼 중요한 단계는 상세하게 설명할 것이고, 그렇지 않은 부분은 간단하게 소개만 하고 넘어갈 것임을 미리 밝혀둔다.

공모주 일정 확인

필자는 주기적으로 공모주 정보를 확인하는 IPO 관련 전문사이트인 38커뮤니케이션(38.co.kr)의 증시 캘린더를 통해서 신규 상장되는 기업의 정보를 체크한다. 요즘은 네이버 검색창에 '공모주'라고 입력하면 종목명, 공모가액, 주관사, 청약종료일 등에 대한 정보가 자세히 나온다. 투자자들의 관심이 높아지다 보니 네이버에서도 자료를 올리고 있다.

〔그림19〕는 2020년 6월의 공모주 관련 증시 캘린더 중 일부를 캡처한 화면이다. 아무래도 2020년 상반기를 대표한 종목은 SK바이오팜이었다. 이미 청약 전부터 열기가 후끈 달아오를 정도였다.

그림19 **2020년 6월 IPO캘린더**

[06월]	2020년	1월 2월 3월 4월 5월 6월 7월 8월 9월 10월 11월 12월			
일(SUN)	월(MON)	화(TUE)	수(WED)	목(THU)	금(FRI)
7	8 IBKS스팩14호(예측) 다이노나(실권주)	9 밀거(청구) 에스씨엠생명과학(청약) 엔에이치스팩16호(청약)	10 위드텍(청구) 젠큐릭스(IR) 젠큐릭스(예측) 이지스밸류플러스리츠(예측)	11 카카오게임즈(청구) 엠투아이(승인) 이엔드디(승인) 에이치엠씨아이비스팩4호(승인)	12 IBKS스팩14호(청약) 엘이티(청약)
14	15 마크로밀엠브레인(IR) 마크로밀엠브레인(예측) 현대로템(CB)	16 젠큐릭스(청약)	17 큐라티스(청구) 위더스제약(IR) 이지스밸류플러스리츠(청약) SK바이오팜(예측) 에스씨엠생명과학(상장) 엔에이치스팩16호(상장)	18 메이플러스에셋(청구) 셀레믹스(승인) 한국파마(승인) 제놀루션(승인) 에이치엠씨아이비스팩5호(승인) 위더스제약(예측)	19 선진뷰티사이언스(청구) 소마젠(IR) 신도기연(IR) 마크로밀엠브레인(청약)
21	22 소마젠(예측) 신도기연(예측) IBKS스팩14호(상장) 엘이티(상장)	23 명신산업(승인)	24 원투씨엠(청구) SK바이오팜(청약) 명문제약(실권주)	25 알체라(청구) 퀀타매트릭스(승인) 열림원소프트랩(승인) 비비씨(승인) 젠큐릭스(상장)	26 위더스제약(청약) 신도기연(청약)

캘린더에서 회사 이름을 클릭하면 〔그림20〕과 같이 전체적인 상장일정과 회사에 대한 대략의 정보를 확인할 수 있다.

여기서는 일정과 회사에 대한 기본적인 정보만 체크하는 것이 좋다. 투자자가 직접 투자설명서를 보면서 중요 키포인트를 하나씩 점검해봐야 투자 성공에 대한 확신을 높일 수 있다.

그림20 **SK바이오팜 상장일정 및 기업 정보**

▣ 공모 정보

총공모주식수	19,578,310 주		액면가	500 원
상장공모	신주모집 : 13,313,250 주 (68%) / 구주매출 : 6,265,060 주 (32%)			
희망공모가액	36,000 ~ 49,000 원		청약경쟁률	323.03:1
확정공모가	**49,000 원**		공모금액	959,337 (백만원)
주간사	NH투자증권,한국투자증권,SK증권,하나금융투자		주식수 : 3,915,662 주 / 청약한도 : 72,076 주	

인수회사	주식수	청약한도	기타
NH투자증권	1,801,898 주	72,076 주	대표
한국투자증권	1,212,816 주	40,000 주	공동
SK증권	554,430 주	50,000 주	
하나금융투자	346,518 주	17,000 주	

▣ 청약 일정

주요일정	수요예측일	2020.06.17 ~ 2020.06.18		
	공모청약일	2020.06.23 ~ 2020.06.24		
	배정공고일(신문)	2020.06.26 (주간사 홈페이지 참조)		
	납입일	2020.06.26		
	환불일	2020.06.26		
	상장일	2020.07.02		
공모사항	확정공모가	**49,000 원**	주당액면가 : 500 원	
			희망공모가액 : 36,000 ~ 49,000 원	
	총공모주식수	19,578,310 주	공모금액 : 959,337 (백만원)	
	그룹별배정	우리사주조합	3,915,662 주 (20%)	청약증거금율 : 100%
		기관투자자등	11,746,986 주 (60%)	최고한도 : - 주
		일반청약자	3,915,662 주 (20%)	청약증거금율 : 50%
			청약 최고한도 : **72,076 주**	최저 : - 주

(출처 : 38.co.kr)

증권사 계좌 개설

가장 먼저 봐야 하는 사항은 주관사가 어느 증권사인지 확인하는 것이다.

SK바이오팜의 경우 규모가 크기 때문에 NH투자증권, 한국투자증권, SK증권, 하나금융투자 4개 증권사가 공동으로 주관 및 인수를 맡았다.

그림에 각 증권사별 청약한도가 나오는데 하나금융투자가 17,000주로 가장 적고, NH투자증권이 72,076주로 가장 많다. 공모가액이 49,000원이므로 하나금융투자에서 전부 청약하려면 416,500,000원(17,000주×49,000원×50%)이 필요하고, NH투자증권은 약 17억 원 정도 필요하다는 계산이 나온다. 돈이 엄청나게 많다면 증권사별로 청약을 해야겠지만, 그렇지 않다면 4개 증권사 중에 하나를 골라야 할 것이다. 4개 증권사 청약경쟁률은 분명히 다를 것이고, 돈이 아주 많지 않은 상황이라면 경쟁률이 가장 낮은 곳을 택해서 1주라도 더 받아야 한다. 그러기 위해서는 우선 증권사 계좌부터 개설해야 하므로 주거래은행으로 달려가거나 비대면으로 모든 증권사 계좌를 만들어야 할 것이다.

필자는 14년간 공모주를 청약했기 때문에 당연히 모든 증권사 계좌를 갖고 있었다. 청약 마지막날 오후에 눈치작전을 하면서 경쟁률이 가장 낮은 곳만 고르면 됐다.

투자설명서 분석

① 핵심투자위험을 파악하자

회사의 주된 사업은 신약개발과 판매이다. 국내 판매가 아닌 미국과 유럽 등 글로벌 시장이 타깃이다. 이미 미국과 유럽으로부터 2개 품목에 대한 판매허가를 받아냈다. LG생명과학을 비롯해 과거부터 미국 식품의약국(FDA)의 판매허가를 받은 사례는 종종 있었는데, 2개 품목을 받은 경우는 처음이다.

후보물질부터 FDA 판매승인까지 평균 15년의 세월이 걸리고 최소 1조 원 이상은 투자해야 결과물이 나올 수 있는 것이 글로벌 신약 시장이다. 신약 후보물질부터 시작해서 FDA 판매승인까지 통과할 확률은 고작 1/10,000에 불과하다. 낙타가 바늘구멍을 통과할 정도로 낮은 확률인데, SK바이오팜은 무려 2번이나 뚫었으니 국내 신약 기술이 이 정도였나 하는 감탄이 나올 수밖에 없다.

SK바이오팜의 전망이 더 좋은 것은 품목들이 신경정신과 관련된 뇌전증과 수면 장애 관련 신약이라는 것이다. 각각 시장규모가 6조 원, 2조 원에 이를 만큼 크고, 회사가 임상 3상까지 진행한 '레녹스가스토 증후군' 관련 신약과 한창 임상 1상 진행 중인 조현병, 조울증 등 관련 신약도 모두 시장규모가 큰 편이다. 아무래도 현대에 들어 정신 관련 질환이 사회적 문제가 되기도 하고, 극심한 스트레스 등으로 많은 사람들이 앓고 있는 질환이라 신경정신과 관련된 신약에 특화 기술을 가진 것은 좋게 평가할 수 있다.

회사의 파이프라인 8개 중 2개는 판매승인까지 받았고, 1개는 임상 3상, 나머지 5개는 임상 1상~2상 진행 중이다.

여기서 우리가 핵심투자위험을 읽지 않더라도 크게 2가지에 대한 우려가 있을 것이다. 과연 신약이 잘 팔릴 것인가와 나머지 신약들도 임상을 원만히 거친 후 판매승인까지 이어질 수 있을 것인가에 대한 의문이다. SK바이오팜의 투자설명서 상 핵심투자위험도 이 부분에 대하여 처음부터 언급하고 있다.

판매 부진 위험, 경쟁 심화 위험, 기술이전 계약 취소 위험, 후속 파이프라인 임상 지연 및 실패 위험 등을 상세하게 기술했다.

글로벌 신약 개발에 2개나 성공했기 때문에 개발능력에 대해서는 신뢰할 수 있다. 임상이 지연되거나 판매승인을 못 받는 것도 이해할 수 있는 부분이다. 앞서 언급한 대로 1/10,000 확률이기 때문에 합격보다는 불합격이 더 익숙한 산업이다.

그다음, 판매 부진 위험도 고려해야 한다.

2002년도에 LG생명과학에서 개발한 신약이 국내 최초로 FDA 승인을 얻는 쾌거를 이루어냈으나 상업적으로는 크게 성공을 거두지는 못했었다. 그렇기 때문에 파이프라인의 임상 성공 가능성과 신약의 상업적 성공 가능성은 계속 지켜봐야 한다.

그래도 수년간 한국의 수많은 제약·바이오기업들이 계속 글로벌 시장의 높은 문턱을 두드리고 있고, 코로나19로 인해 K방역과 진단키트 수출로 충분히 가능성을 보여줬다. 이제 제약·바이오는 유럽과 미국의 글로벌 제약사와 경쟁을 해봄 직한 수준까지 올라왔기 때문에 회사의 펀더멘털을 믿고 장기투자를 하는 것도 괜찮을 것으로 판단했다.

② 공모가액의 위치를 파악하자

청약 전부터 이미 상장 관련 분위기가 대단히 뜨거웠음에도 불구하고 54페이지 〔그림8〕의 수요예측 결과에서 살펴봤던 대로 공모가액은 다행히 밴드의 상단인 49,000원에서 결정되었다.

기관투자자 1,076군데가 참여해서 경쟁률 835.66:1을 기록했고, 참여한 기관투자자 모두 공모가액 밴드 상단인 49,000원 이상으로 써냈다. 사실 이런 상황이면 주관사와 회사가 협의하여 공모가액을 밴드를 초과한 가격으로 결정해도 되는데 그렇지 않았다. 회사와 주관사가 조금 더 누릴 수 있는 이익을 포기하고 새로 입성하는 주주들에게 수익을 주기로 한 것처럼 보였다. 공모주 투자자 입장에서는 더할 나위 없이 좋다. 또한 수요예측에 참여한 기관투자자가 신청한 수량의 81.15%에 대하여 의무보유확약을 하였으니 개인투자자가 수요예측에 참여하지 않아도 분위기가 어느 정도인지는 짐작하고도 남을 듯하다.

③ 유사 기업들과 비교해서 싼 편인가?

이 회사는 신약 개발을 했고 아직 이익 창출이 안 되고 있기 때문에 일반적인 평가방법을 적용할 수 없었다. 그래서 조금 독특한 방법으로 기업가치를 매겼다.

표15 **SK바이오팜 EV / Pipeline에 의한 평가가치**

구 분	SK바이오팜		
적응증별 파이프라인	세노바메이트	솔리암페톨	카리스바메이트
	뇌전증	기면증 / OSA	레녹스가스토 증후군
임상 단계	출시	출시	P2
시장규모(백만 원)	6,001,931	2,011,964	933,733
시판 중인 신약(수)	13	1	4
POS(상업화 확률)	100%	100%	33.30%
기대시장규모(백만 원)	461,687	120,718	77,733
기대시장규모 합계(백만 원)	660,138		
적용 EV / Pipeline 배수	7.21		
기업가치(EV)(백만 원)	4,762,727		
순차입금(백만 원)	80,201		
적정 시가총액(백만 원)	4,682,526		
적용 주식수(주)	78,313,250		
주당평가가액(원)	59,792		

이 방법은 2016년에 삼성바이오로직스가 상장하면서 관계기업인 삼성바이오에피스의 기업가치를 측정할 때 사용했었다. 그리고 4년 뒤인 SK바이오팜 기업가치 측정을 위해 오랜만에 재등장했다. 가치평가 교과서에 나오지 않는 방법이라 논란도 있었지만, 신약을 개발하고 판매실적이 아직 없는 기업의 가치를 매기는 방법으로 이제 정착되는 분위기같다.

앞의 [표15]가 어려워 보이겠지만 논리적으로 그렇게 복잡하지는 않다. 세노바메이트(뇌전증)의 시장규모가 6조 원이고 시판 중인 신약수가 13개, 회사는 FDA 승인을 받았으므로 상업화 확률은 100%이다. 13개의 약이 시장에서 골고루 팔린다는 가정하에 약의 기대시장규모는 4,617억 원(6조 원 / 13개)이 된다. 이렇게 계산된 회사의 3개 파이프라인에 EV/Pipeline을 곱해서 기업가치(EV)를 산정하고 주식가치를 계산해야 하니, 주주 몫이 아닌 차입금을 차감한 적정 시가총액을 계산한 후 주식수로 나누어 1주당 평가가액을 구한 것이다.

EV/Pipeline은 이미 상장되어 있는 해외 여러 신약 개발사들의 기대시장규모와 시가총액 간의 배수이다. 예를 들어 신약의 기대시장규모가 1조 원이고, 그 기업들이 주식시장에서 이미 7.21조 원으로 평가받고 있다면 배수는 7.21이 된다. 즉, SK바이오팜도 그 정도의 기업가치는 받아야 한다는 논리가 된다.

사실 가치평가(valuation)는 정해진 답이 없다. 시장 참여자들이 어떻게 생각하고 판단하느냐에 따라 달라질 수밖에 없다. 이론상 구한 주당평가가액 59,792원, 시가총액 4조7,000억 원대일 뿐이다. 시장 참여자들은 아마 셀트리온과 삼성바이오로직스의 시가총액이 40조 원이 넘는데 SK바이오팜의 시가총액이 4조7,000억 원인 게 말이 되느냐고 했을 것이다. 아직까지 신약 개발도 못 하고 임상 3상 근처까지 온 작은 코스닥 바이오기업도 시가총액이 수조 원에 달하는데 말이다.

국내 최초로 미국 FDA 승인을 받은 약이 2개나 있고 이제 잘 팔기만 하면 된다. 그리고 시장규모가 국내와는 비교할 수 없는 곳이니 실적에 대한 기대가 클 수밖에 없었다. 물론 핵심투자위험에서 언급했듯이 상업적 성공 가능성에서 불확실함이 있기 때문에 100% 긍정은 못 하지만, 주식시장은 늘 선행하고 꿈을 먹고 자라니 대부분의 투자자들은 주당평가가액 59,792원, 공모가액 49,000원은 싸다는 데 동의했을 것이다.

④ 유통가능 주식수를 확인하라

최대주주인 ㈜SK가 SK바이오팜의 주식 100%를 보유하고 있다. 상장을 진행하면서 일부 물량은 구주매출로 내놨고, 신주모집으로 인해 SK의 지분율은 75%로 떨어진다. 나머지 5%는 우리사주조합, 20%는 공모주주의 몫이다.

표16 SK바이오팜의 유통가능 주식수 현황

[유통가능 주식수 등의 현황]				
구분		공모 후 주식수	공모 후 지분율	상장 후 매도제한 기간
유통제한 물량	최대주주 등	58,734,940주	75%	6개월
	우리사주조합	3,915,662주	5%	1년
	소계	62,650,602주	80%	-
유통가능 물량	공모주주	15,662,648주	20%	-
	소계	15,662,648주	20%	-

유통가능 물량은 15,662,648주로 나오는데, 앞서 언급한 대로 기관투자자들이 자발적으로 의무보유확약 신청한 물량 9,532,679주(신청물량의 81.15%)를 추가로 고려하면 유통가능 물량은 6,129,969주로 계산된다. 전체 상장 주식수 대비 8%도 안 된다. 상장하러 나온 기업 중 이렇게 유통 물량이 적은 것은 처음이었다.

단, 상장 전에 알려진 사실에 의하면 SK바이오팜의 임직원수가 매우 적기 때문에 우리사주조합에서 배정분을 다 소화하지 못해서 그 물량이 기관투자자에게 추가로 배정되어 유통 물량은 더 늘어났다고 한다. 그래도 유통 물량이 워낙 적었기 때문에 마음 편히 청약하고 큰 수익을 기대할 수 있었다.

⑤ 왜 회사는 기업공개를 결정했는가?

투자설명서에서 자금의 사용 목적을 살펴보면 아래와 같다.

그림21 **SK바이오팜의 자금의 사용 목적**

(기준일 :　2020년 06월 19일　)　　　　　　　　　　　　　　　　(단위 : 백만원)

시설자금	영업양수 자금	운영자금	채무상환 자금	타법인증권 취득자금	기타	계
-	-	445,334	100,000	-	100,000	645,334

(1) 운영자금

당사는 향후 지속적인 성장을 위하여 세노바메이트(미국 제품명 : XCOPRI®) 상업화, 파이프라인들에 대한 연구개발비 지출 확대 계획을 갖고 있습니다. 예상 유입자금 전액은 향후 약 2년 간 예상 자금수요를 충당하기 위하여 사용할 계획입니다. 구체적인 자금사용 계획은 다음과 같습니다.

(단위 : 백만원)

구분	2020년 하반기	2021년	합계
세노바메이트 상업화	62,278	149,657	211,935
연구개발비	71,342	162,057	233,399
합계	133,620	311,714	445,334

회사는 신약, 세노바메이트 상업화를 위해 2,119억 원, 다른 파이프라인의 임상을 위해 연구개발비 2,334억 원을 사용한다고 공시했다. 신약 개발에 모든 것을 쏟아붓느라 차입금까지 끌어 썼고, 그 부분에 대한 상환과 새 약에 대한 개발 및 판매 관련 자금으로 쓸 것으로 보인다. 물론 공모자금이 마르기 전에 FDA 승인을 받은 신약이 상업적으로 성공을 거두어 영업활동에서 창출하는 현금이 연구개발로 이어져 손익과 재무구조 모두 우수해지기를 기대한다.

⑥ 어떤 사업을 하는 회사인가?

투자설명서의 '사업의 내용' 편을 보면 산업 현황과 기업의 상황에 대해 아주 자세히 기술되어 있다. 만약 제약·바이오산업에 대해 공부하고 싶다면 구글에서 자료 찾느라 시간 쓰지 말고, SK바이오팜의 투자설명서를 읽어 보기를 권한다.

의약품의 분류, 글로벌 제약산업의 특성, 신약 개발 성공확률 등에 대한 좋은 자료가 많이 수록되어 있다. 그리고 그만큼 성공을 거두기 힘든 시장임도 알 수 있다.

정상적으로 생산과 판매를 해서 이익을 창출하는 기업이라면 '사업의 내용' 편에서 주요 제품, 원재료, 공장 가동률 등 손익구조에 맞춰 여러 내용을 분석해야 하지만, 여기는 아직 그 단계는 아니므로 손익분석은 생략한다.

회사가 개발하고 있는 파이프라인의 현황과 임상 진행단계, 그리고 기술 수출 관련 계약과 시장규모 위주로 훑어보면 된다. 이 내용은 사업의 내용 중 경영상의 주요 계약, 연구개발 활동에서 찾아볼 수 있다.

⑦ 회사의 재무상태와 손익은 어떠한가?

회사는 최대주주인 (주)SK가 출자한 자본 약 4,785억 원과 차입금 2,000억 원으로 운영되고 있다.

매출액은 들쭉날쭉하다. 2017년에 853억 원, 2018년에 11억 원, 2019년 1,238억 원이 발생했다. FDA 판매승인을 받은 것은 2019년의 일이지만 매출은 이미 기술 수출을 통해 나오고 있었다.

글로벌 신약 개발기간이 15년가량, 연구개발비는 최소 1조 원 가까이 발생되다 보니 국내 신약 개발사는 아무래도 부담을 느낄 수밖에 없다. 그래서 대다수 제약·바이오기업들은 기술 수출을 통해 위험을 줄이고 수익을 얻는 쪽으로 의사결정을 많이 한다. 즉 임상 1상까지는 자사에서 진행하고 2상 이후부터는 외국 제약사에 맡기는 것이다. 그리고 2상 이후부터 일정 성과가 나올 때마다 로열티를 받는다.

SK바이오팜의 경우 뇌전증 약인 세노바메이트는 직접 임상을 진행했고 FDA 승인을 받아서 직접 판매할 예정인 데 반해, 수면 장애 약인 솔리암페톨은 미국 재즈(Jazz)사에 기술을 수출했기 때문에 여기서 판매할 예정이다. 그로 인해 솔리암페톨의 임상 성공과 FDA 승인 관련 로열티를 받다 보니 매출액이 그 전부터 나온 것이다. 당장 큰 실적은 없지만 '사업의 내용' 편을 보면 이 회사의 신약 파이프라인이 아직 6개나 더 있고, 모두 임상 1상 진행 또는 2상 진행 중일 정도이므로 추가적인 기술 수출도 기대해볼 수 있다.

일반적인 기업의 재무분석은 매출액 및 영업이익 추이, 손익구조 등 자세하게 살펴봐야 하지만 당장의 제품 판매실적이 없는 기업이기 때문에 이 정도로 분석을 마쳐야 했다.

공모자금 마련 및 청약 신청

SK바이오팜의 공모가 기준 시가총액이 다른 여타 제약·바이오기업 대비 매우 저렴했기 때문에 당연히 투자하기로 결정했다.

공모자금은 갖고 있는 현금, 마이너스통장, 보험약관대출 등을 최대한 끌어 썼다. 코로나19로 인해 주가가 급락했던 3월 대비 청약이 있던 6월 말은 주가가 회복을 넘어 너무 많이 올라왔던 터라 기존에 투자했던 종목들을 대부분 매도해서 현금이 좀 있던 상황이었다.

청약 단위에 맞춰 자금을 준비하고 청약은 이튿날 오후 3시에 각 증권사의 경쟁률을 살피고 청약경쟁률이 가장 낮은 하나금융 투자 계좌에서 청약을 진행했다.

오랜 공모주 투자로 인해 대한민국 증권사 계좌를 모두 갖고 있기 때문에 이렇게 눈치작전을 하는 것이 가능했다. 예전에는 증권사별 경쟁률 차이가 컸는데 이제는 학습효과가 생겨서인지 청약 마감 4시 때 증권사별 경쟁률의 차이는 거의 없었다.

가장 많이 몰린 한국투자증권이 350:1을 약간 상회했고, 가장 덜한 SK증권이 320:1을 약간 하회하는 정도였다.

그렇다고 4시에 임박해서 청약하는 것은 바람직하지 않다. 갑자기 어떤 일이 발생할지 아무도 모른다. 과부하가 걸려서 앱이 제대로 작동 안 할 수도 있고, 갑자기 급한 일이 생길 수도 있으니 최소 30분 전에는 청약을 완료하기를 권한다.

필자는 모바일 앱이 없던 2010년 초에 대기업 공모 청약 시 치열한 눈치작전 후, 마감 20분을 남겨두고 인터넷으로 청약을 시작했는데, 예상치 못한 통신 오류로 인해 안타깝게 청약을 하지 못한 뼈아픈 기억이 있다. 그 일이 있은 후부터는 항상 청약 마감시간 1 ~ 2시간 전에 청약을 완료하는 습관이 생겼다.

환불금 정산

청약일로부터 2영업일 이후인 6월 26일(금)에 환불을 받는다. 금요일 아침에 일어나서 컴퓨터를 켜보면 증권사 계좌에 청약하고 남은 돈이 모두 들어와 있었다. 환불일은 특히 아침에 눈이 일찍 떠진다. 마이너스통장을 사용하고 보험대출을 받았기 때문에 환불금은 받아서 빨리 정리해야 속이 편하기 때문이다.

증권사에서 주거래은행으로 돈을 옮기는데, 보통 아침 7시면 이체가 가능하다. 만약 환불받은 날이나 며칠 뒤 바로 또 다른 공모주 청약이 있다면, 돈을 여러 군데 분산시켜 놓는 것보다 주거래은행에 모아놨다가 다음 공모주 증권사 계좌로 한 번에 옮기는 것이 효율적이니 정산할 때는 이 부분도 신경 써서 하면 더 좋을 것이다.

6월 26일(금)은 위더스제약과 신도기연의 청약 마지막날이었고, 두 회사 역시 공모가격이 괜찮게 나왔기 때문에 둘 다 청약하기로 결정한 터여서 환불받는 대로 바로 주관사 계좌로 이체하고 두 공모주에 청약을 진행했다.

상장 후 매도

환불받고 뉴스 검색이나 IPO 정보 사이트에 들어가면 청약한 기업의 상장일정을 확인할 수 있다. 청약 때 상장일정이 바로 표시되는 경우도 있고 그렇지 않은 경우도 있다. 또 상장일정이 변경

되는 경우도 종종 있기 때문에, 청약 후 2~3일 지나서 상장일을 확인해보는 것이 좋다. 통상 청약 마지막날 기준 10일 이내에 상장하는 편이다.

SK바이오팜은 청약 마지막날인 6월 24일(수)에서 8일이 지난 7월 2일(목)에 상장을 했다.

공모가액 기준 시가총액이 3.8조 원밖에 안 되기 때문에 상장하자마자 공모가액 2배에 30% 상한가 마감이 유력했다. FDA 판매 승인을 2개나 받은 기업이기 때문에 제약·바이오 관련 다른 기업들과 비교해서 기업가치는 최소 20조 원 이상은 올라가야 한다고 생각했다.

그래서 공모주 매도가 아닌 추가매수를 계속 고려하고 있었으나 유통 물량이 워낙 적기 때문에 결국 추가매수는 하지 못했다. 3일 내내 상한가를 기록하며 공모가액 기준 4배 이상까지 올라갔고, 필자는 적당한 가격에 매도하여 짧은 기간 동안 큰 수익을 거둘 수 있었다. 이삭 줍기에 지친 공모주 투자자 입장에서 모처럼 보너스를 받는 날이었다고 할 수 있겠다.

티에스아이
: 선택과 집중

티에스아이는 2차전지 제조에 필요한 활물질, 도전재, 결합재, 용매를 혼합하는 믹싱 공정을 운용하는 장비와 그 시스템을 제조하는 기업이다. 삼성SDI, LG화학, SK이노베이션 등 국내 배터리 3사를 모두 고객으로 두고 있을 정도로 전방산업 고객사로부터 기술력을 인정받았다고 한다. 투자설명서의 '사업의 내용' 편에 따르면 전 세계적으로 2023년까지 2차전지 수요가 연평균 38%씩 성장할 것으로 예상되고, 특히 전기차는 연평균 50%씩 성장할 것이라고 한다. 좋지 않은 경제 환경에서 계속 수혜를 받을 것임에 분명하다.

공모주 일정 확인

공교롭게도 공모주 청약 일정이 몰릴 때가 많다. 2020년 7월 13일부터 17일까지 4일간 무려 5개 기업의 청약 일정이 겹쳤던 적도 있었다. 모두 생소한 기업들인데, 그나마 '내셔널지오그래픽(NATIONAL GEOGRAPHIC)'의 브랜드로 여행가방과 옷을 만드는 더네이쳐홀딩스만 친숙했고 나머지 기업들은 인공지능, 2차전지, 진단장비 등 어려운 종목들이었다.

청약 일정은 다음과 같았다.

7/13(월)	7/14(화)	7/15(수)	7/16(목)	7/17(금)
티에스아이 청약			티에스아이 환불	
솔트룩스 청약			솔트룩스 환불	
		제놀루션 청약		제놀루션 환불
		더네이쳐홀딩스 청약		
			엠투아이코퍼레이션청약	

1주일에 5개는 그래도 양호한 편이다. 심한 경우에는 1주일에 7개 이상 몰릴 때도 있다. 선택과 집중을 해야 하는 경우도 있고 자금을 여러 공모주에 적당히 배분해야 하는 경우도 있기 때문에 청약 일정은 이렇게 1주일 단위로 체크하는 것이 가장 좋다.

위의 일정을 보면 티에스아이와 솔트룩스에 전부 청약하면 환불금이 목요일에 들어오니 제놀루션을 포기해야 한다. 목요일에 들어오는 환불금으로 더네이쳐홀딩스를 청약하면 엠투아이코퍼레이션 청약은 포기해야 한다. 자금 여유가 충분한 투자자는 각 공모주의 청약한도에 맞게 자금을 배분하면 된다.

일단 필자는 티에스아이와 솔트룩스, 제놀루션의 투자설명서를 같이 훑어봤다. 3개 회사 모두 공모 규모가 작은 중소기업이라 3개 중 2개 기업을 청약할 수 있다는 계산이 나왔다. 그러면 티에스아이와 솔트룩스 중의 하나를 청약하고 환불받으면 더네이쳐홀딩스 청약이 가능하다. 그리고 제놀루션의 환불금으로 엠투아이코퍼레이션의 청약도 가능하다.

소비재기업인 더네이쳐홀딩스를 제외하고 4개사의 투자설명서는 내용이 어려웠다. 솔트룩스는 빅데이터 기반 IT서비스, 티에스아이는 2차전지 제조 장비 업체, 제놀루션은 체외진단의료기기 사업을 하는 회사라는 윤곽이 잡히고 나서는 투자 의사결정이 오히려 쉬워졌다.

아무래도 테슬라 영향으로 인해 2차전지주가 대세이니 티에스아이는 청약 대상으로 분류했고, 코로나19로 인해 진단의료기기 실적 증가도 예상되니 제놀루션 역시 청약하기로 했다. 솔트룩스의 사업도 성장성이 높은 업종임에 분명하지만 투자설명서를 읽으며 그렇게 큰 확신은 들지 않았다. 당장 실적이 없어서 기술성장기업 상장특례로 상장을 진행하는 것도 그렇고, 인공지능 쪽에 대한 개발에 집중할 예정이라 언컨택트 시대에 수혜는 받을 수 있을 것 같았지만 무엇보다 필자가 잘 모르는 사업이라 그냥 패스하는 편이 나을 것 같았다. 그래서 티에스아이와 제놀루션만 청약하기로 결정했다. 한편 더네이쳐홀딩스는 유명 브랜드 잡화, 의류기업이기는 하지만 코로나19로 인해 여행산업의 장기 불황이 예상되어 청약을 포기하기로 했다. 실제로 재무제표를 보면 재고자산이 최근에 증가한 모습을 보여 판매가 예전만큼 원활하지 않는 것으로 추정되었다.

이제 티에스아이와 제놀루션에서 환불받은 돈은 17일에 엠투아이코퍼레이션에 모두 청약금으로 넣으면 되니 1주일의 공모주 투자 계획은 완벽했다. 그러나 엠투아이코퍼레이션은 결국 청약하지 않았다. 스마트팩토리 구축을 주로 하는 기업인데, 고객사인 반도체, 디스플레이 관련 국내 기업들이 코로나19로 인해 그렇게 녹록한 편이 아니어서 청약을 하지 않기로 했다. 결국 5개 중 2개만 청약하고, 3개는 포기하기로 결정했다.

투자설명서 분석

① 핵심투자위험을 파악하자

티에스아이의 투자설명서 중 '사업의 내용' 편을 보면 2차전지 제조에 필요한 활물질, 도전재, 결합재, 용매를 혼합하는 믹싱 공정을 운용하는 장비와 그 시스템 제조 및 판매를 하는 회사라고 소개되어 있다. 기존의 스마트폰, 노트북 등 2차전지 시장은 계속 성장 중이고, 전기자동차 시장이 커질 것으로 예상되어 사실 핵심 투자위험이 별로 없을 것 같았다.

투자설명서를 보니 회사 매출액의 99%가 2차전지 공정 관련 믹싱시스템, 믹싱제작품 등으로 이루어져 있다는 특정 제품 매출 의존 위험이 눈에 들어온다. 아마 2차전지 시장이 성장기를 지나 성숙기에 진입하기 시작하면, 이 회사도 성장 속도가 둔화될 것이고 새로운 먹거리를 찾아야 할 때가 올 것으로 예상되는데, 당장의 위협은 아니다.

그 외에 또 다른 위험으로 매출액의 76%가 상위 2개 업체에 편중되어 있다는 내용도 나오는데, 2차전지 산업을 이끄는 전방산업 자체가 그렇기 때문에 어쩔 수 없을 것이다. 또한 경쟁 심화 위험도 언급했는데, 자세히 읽어 보면 LG화학이나 삼성SDI 같은 매출처들이 티에스아이 같은 업체들의 신뢰성을 판단하기 위해 오랜 검증 기간을 거쳤을 것이므로 신규업체가 지금 들어오기에는 진입장벽이 너무 높다는 내용이 눈에 들어온다. 즉 어느 시장이든 경쟁으로 인한 시장 잠식 가능성은 있지만, 산업 특성에 따라 그럴 수도 있고 아닐 수도 있으니 결국 투자설명서를 꼼꼼히 읽어 보고 투자자가 판단하는 것 외에는 방법이 없다.

② 공모가액의 위치를 파악하자

공모가액은 밴드 상단인 9,500원을 돌파한 10,000원에서 결정되었다. 2020년에 상장하러 나온 공모주 27개 중에 밴드 상단을 뚫은 것은 이 기업 포함해서 4개밖에 안 된다. 그 정도로 2차전지 관련주에 기관투자자들이 많이 몰려들었다. 기관투자자 수요예측에서 1,369군데가 들어와서 1283.73:1의 경쟁률을 기록했다.

1,300군데가 넘는 기관투자자가 들어온 공모주도 4개밖에 없

는데, 폴더블폰 디스플레이장비 기업인 엘이티와 신도기연, 의료기기 기업 이루다와 2차전지 관련 기업 티에스아이가 그 주인공들이다. 〔그림22〕의 수요예측 결과를 보면 기관투자자들의 92% 이상이 11,000원 이상을 써냈지만, 오히려 주관사는 공모가액을 10,000원으로 낮춘 셈이다.

그림22 **티에스아이 수요예측 신청가격 분포**

구분	참여건수 기준		신청수량 기준	
	참여건수(건)	비율	신청수량(주)	비율
가격 미제시	189	13.81%	223,568,000	12.81%
11,000원 이상	1,062	77.57%	1,393,943,000	79.90%
9,500원 이상 11,000원 미만	118	8.62%	127,076,000	7.28%
7,500원 이상 9,500원 미만	0	0.00%	0	0.00%
7,500원 미만	0	0.00%	0	0.00%
합계	1,369	100.00%	1,744,587,000	100.00%

한편 기관투자자들은 총 신청물량 대비 약 5%를 15일에서 6개월간 매도하지 않고 보유하겠다는 의무보유확약을 했다. 의무보유확약 물량이 아주 많은 편은 아니지만 공모가액을 11,000원 이상으로 올려도 됨에도 불구하고 10,000원으로 낮췄으니 투자자 입장에서는 공모가액에 큰 부담이 없었다.

③ 유사 기업들과 비교해서 싼 편인가?

2차전지 관련 기업으로 분류되는 대보마그네틱, 피앤이솔루션 등 총 5개 기업이 유사 기업으로 선정되었다. 대보마그네틱은 2차전지 소재 내의 미량의 철 이물질을 제거하는 기계 제조사로 실적 대비 주가가 좀 과도하게 오른 측면이 있다. 다른 기업들 대비 높은 PER를 형성하고 있어서 개인투자자 입장에서는 이런 기업을 빼고 기업가치를 매겼으면 조금 더 공모가액이 저렴했을 텐데 하는 아쉬움이 들었다.

피앤이솔루션이나 엔에스 같은 저PER 종목들이 포함되어 평균 PER를 낮춰주기는 했지만 그래도 아쉬운 대목이다.

그림23 **티에스아이 PER 산정표**

[2019년 실적을 적용한 PER 산정]

(단위 : 천원, 원, 주, 배)

구 분	대보마그네틱	피앤이솔루션	엔에스	이노메트리	씨아이에스
적용 순이익	3,825,058	15,651,934	4,304,940	4,628,076	11,314,942
적용 주식수	6,616,973	14,752,650	9,800,000	9,650,216	56,331,586
주당순이익(EPS)	578	1,061	439	480	201
기준주가	26,698	16,339	7,560	15,491	4,995
PER	46.18	15.40	17.21	32.30	24.87
적용 PER	27.19				

만약 회사가 속한 산업인 2차전지의 성장 가능성이 없다면 청

약을 하기 어려운 종목으로 분류했을 것이다. 다행히 기존의 2차전지 외에 전기자동차 시장이 폭발적으로 성장하고 있고, 테슬라의 주가가 고공행진 하던 시기여서 공모가액이 많이 싸지 않음에도 불구하고 결국 투자하는 것으로 결정했다.

④ 유통가능 주식수를 확인하라

투자설명서에 따르면 최대주주 포함 매각제한 물량이 61.59%, 유통가능 물량이 38.41%로 집계되었다. 여기에 기관투자자들의 자발적 의무보유확약 물량까지 고려하면 유통가능 물량은 37% 선으로 추정되었다.

유통가능 주식수가 매우 적은 것은 아니지만 상장 당일 2차전지 관련 뉴페이스 등장으로 매수세가 강할 것으로 예상했다.

⑤ 왜 회사는 기업공개를 결정했는가?

2차전지 성장세에 발맞춰 티에스아이도 공모자금 142억 원 대부분을 시설자금과 연구개발 등에 사용한다고 공시했다. SK바이오팜과 달리 실적이 나오는 기업이기 때문에 차입금은 벌어서 갚으면 되고, 운영자금도 영업활동에서 창출한 현금으로 사용이 가능하다. 그 외 더 투입해야 하는 연구개발비와 유형자산 취득은 공모자금으로 하겠다는 취지로 볼 수 있다.

⑥ 어떤 사업을 하는 회사인가?

앞서 언급한 대로 티에스아이는 2차전지 제조에 필요한 활물질, 도전재, 결합재, 용매를 혼합하는 믹싱 공정을 운용하는 장비와 그 시스템을 제조하는 기업이다. 삼성SDI, LG화학, SK이노베이션 등 국내 배터리 3사를 모두 고객으로 두고 있을 정도로 전방산업 고객사로부터 기술력을 인정받았다고 한다.

투자설명서의 '사업의 내용' 편에 따르면 전 세계적으로 2023년까지 2차전지 수요가 연평균 38%씩 성장할 것으로 예상되고, 특히 전기차는 연평균 50%씩 성장할 것이라고 한다. 좋지 않은 경제 환경에서 계속 수혜를 받을 것임에 분명하다.

회사는 또한 신규사업으로 수소연료전지 촉매 슬러리 믹싱장비를 개발할 예정이라고 한다. 슬러리는 고체와 액체의 혼합물 또는 미세한 고체 입자가 물속에 현탁된 것을 의미한다. 잘 모르는 분야이므로 이럴 때는 한국 IR협의회 사이트에 가서 회사의 IR자료를 보는 것이 더 도움이 된다. 중요한 것은 전기차 외에 수소차 쪽도 진출한다는 것이다.

⑦ 회사의 재무상태와 손익은 어떠한가?

회사는 설립된 지 10년 정도 되었고, 8기인 2018년부터 본격적인 매출이 발생하며 영업이익을 실현하게 되었다. 투자설명서 중 재무에 관한 사항을 보면, 최근 3년간의 연간 재무제표와 당분기 재무제표를 공시했다. 2017년까지는 매출액 157억 원에 영업적자였지만, 2018년부터 매출 660억 원에 영업이익 51억 원 기업으로 탈바꿈했다.

투자설명서의 '사업의 내용' 편에 의하면, 삼성SDI, LG화학 등이 2018년 이후 매년 꾸준한 설비 증설을 계획하고 있으며, SK이노베이션 역시 2020년 이후로 대규모 증설이 예정되어 있다고 한다. 이 업계에서는 CAPA(생산능력)를 Gwh(기가와트아워) 기준으로 하는데, 2018년부터 2022년까지 업체별 CAPA 증설량을 보면 다음과 같다.

그림24 **2018년~2022년 업체별 DAPA 증설량**

[주요 2차전지 업체 연도별, 업체별 CAPA 증설량]

(단위: Gwh)

구분		2018	2019(E)	2020(E)	2021(E)	2022(E)
국내	LG화학	17.6	38.8	43.4	10.9	56
	삼성SDI	9	6.5	9.8	1.8	17.6
	SK이노베이션	2.6	0	16.5	29	9.8
	소계	29.2	45.3	69.7	41.7	83.4
해외	CATL	11.6	13	20.5	45.5	6
	PANASONIC	30	5	33.8	42	11
	소계	41.6	18	54.3	87.5	17
총계		70.8	63.3	124	129.2	100.4

회사의 2019년 매출액이 2018년 대비 소폭 감소했었는데 그 이유가 설명되는 표이다. 이렇게 투자설명서에는 좋은 자료들이 많이 수록되어 있다. 꼼꼼히 잘 찾아보는 투자자만 공모주 투자뿐만 아니라 일반 주식투자에서도 승률을 올릴 수 있을 것이다.

2020년과 2021년은 2019년 대비 큰 폭의 실적 성장을 기대할 수 있을 것으로 예상된다.

회사 재무상태표 상 차입금 85억 원이 있는데, 보유한 현금이 34억 원, 기업공개로 들어오는 공모자금이 142억 원이니 재무구조는 좋다. 또한 2018년부터 영업이익 창출로 현금흐름이 개선되었으니 더이상 깊게 분석할 필요는 없을 것 같다.

공모자금 마련부터 상장 후 매도까지

티에스아이와 같은 날 청약하는 솔트룩스 모두 한국투자증권에서 단독으로 주관하는 중소형 공모주였다. 둘 다 좋은 기업이지만 테슬라 주가가 워낙 뜨거웠던 때라 티에스아이로 돈이 더 많이 몰릴 것으로 예상되었다. 알짜 중소기업이 기업공개를 하면 경쟁률이 엄청나게 치솟을 수밖에 없다.

티에스아이의 공모 규모 185억 원 중 20%인 약 37억 원어치가 개인 배정분이다. 2조 원의 현금이 유입된다고 가정하면 경쟁률은 무려 1,082:1이 된다(2조 원/(37억 원×50%)).

개인투자자 청약한도가 24,000주이므로 22주 정도밖에는 못 받는다는 얘기이다. 2배 수익률이 난다고 가정하면 22주×10,000원이므로 22만 원 정도 챙길 수 있다. 만약 배우자나 가족과 함께 청약을 한다면 44만 원 정도이다.

작아 보이는 수익이지만 화요일에 청약하고 목요일에 환불받는 것을 생각하면 나쁘지 않다. 이런 종목 10개가 모이면 SK바이오팜의 수익을 낼 수 있다.

예전에는 괜찮은 중소기업이 나와도 청약증거금 2~3조 원 정도가 모였는데, SK바이오팜 이후 투자자들의 공모주에 대한 관심이 커지면서 증거금은 더 많이 들어오고 있다.

결국 티에스아이는 1621.1:1, 솔트룩스는 953.53:1로 청약이 마감되었다. 티에스아이에는 2조9,000억 원, 솔트룩스에는 약 1조 8,000억 원이 몰렸다는 얘기다. 예전보다 투자자들의 돈이 훨씬 많이 들어오고 있으니 중·소형 공모주 청약 때 큰돈 벌겠다는 생각보다는 부지런히 이삭을 줍겠다는 자세로 임해야 한다. 그래야 작은 수익에 만족하고 다음 기회에 또 도전할 수 있다.

티에스아이는 청약 마감일인 7월 14일 화요일에서 8일 지난 7월 22일 수요일에 상장했다. 시초가는 기대했던 대로 공모가액의 2배인 20,000원에서 시작해서 20% 이상인 24,550원까지 수직상승하더니, 상한가 마감을 못 하고 물량이 쏟아지기 시작했다. 코넥스에서 코스닥으로 이전 상장하는 기업이기 때문에 코넥스에서 이미 투자했던 투자자들의 물량도 많을 것이고, 장대음봉으로 내리꽂기 시작하면 공모주 투자자들도 대부분 물량을 정리하기 때문이다. 결국 필자도 2만 원 초반에서 대부분 물량을 정리해서 소소한 수익을 거두었다.

큰돈을 청약증거금으로 밀어 넣고 이틀 후 대부분 금액을 환불받는다. 배정받은 적은 공모주로 조금의 이익을 낸다. 14년째 이 사이클이 계속 반복되었기 때문에 허무함은 전혀 없다. 이런 이익들이 오랜 기간 모이면 크다는 것을 알기 때문이다.

공모주 투자의 가장 큰 장점은 이렇게 기업의 투자설명서를 읽어 봤기 때문에 추후 투자에 유리하다는 것이다. 2차전지 관련 기업을 새롭게 알게 되었고, 앞서 살펴본 대로 2차전지 관련 대기업의 투자 계획이 2023년까지 큰 폭으로 증가할 것이기 때문에 수혜를 본다는 사실을 확인했다.

공모주 특성상 초기 수급으로 인해 어느덧 고점 대비 반 가까이 주가가 흘러내려 왔다. 이는 또 새로운 투자 기회를 준다는 의미이다. 향후 분기, 반기 실적을 잘 체크하고 2차전지 관련 뉴스를 챙겨 보다가 주가가 충분히 싸졌을 때 다시 매수할 예정이다.

한화시스템 :
먹을 것 없었던 소문난 잔치

대기업에 대한 기대로 무조건 청약을 하는 독자들도 있겠지만 대기업이라고 해서 반드시 SK바이오팜처럼 공모가 대비 주가가 많이 올라서 큰 수익을 가져다주는 것은 아니다.

삼성에스디에스, 제일모직, SK디앤디, 해태제과, 애경산업, 현대오토에버, SK바이오팜처럼 고수익을 안겨준 대기업들도 있었지만, 삼성생명, 이노션, 넷마블, 진에어 등 대기업 또는 대기업 계열사 중 공모가 대비 하락해서 큰 손실을 준 경우도 있었다. 따라서 대기업이라는 이유로 다 청약하는 것은 바람직하지 않다.

공모주 일정 확인

보통 4분기에는 공모주 청약 일정이 많은 편이다. 회사들이 새 사업연도가 시작되기 전에 기업공개(IPO)를 마무리 지으려는 것도 있고, 반기까지 실적을 지켜보고 숫자가 괜찮게 나오면 상장을 해도 되겠다는 결정을 한다.

2019년에 스팩(SPAC)을 제외하고 72개 기업이 상장을 진행했는데, 이 중 47%인 34개 기업이 4분기에 쏟아져 나왔다. 그 중 가장 큰 기업은 한화그룹 계열사인 한화시스템으로 2019년 11월에 청약을 진행했다. 오랜만에 대기업이 나왔다는 기대감도 있었고, 무엇보다 한화그룹 3세 승계를 위한 하나의 카드가 될 수 있다는 점도 눈에 띄었다.

대기업 계열사 중 특히 시스템통합(SI) 기업은 보통 대주주 일가가 지분을 갖고 있는데, 이런 기업이 상장한다는 것은 승계 관련된 일일 가능성이 크다. 그래서 먼저 회사의 연혁부터 살펴봤다.

회사는 2018년 8월 1일 한화에스앤씨를 흡수합병했다. 한화에스앤씨는 에이치솔루션주식회사가 55.36%, 헬리오스에스앤씨 유한회사가 44.64%를 갖고 있다. 에이치솔루션은 한화그룹 3세(3형제)가 갖고 있는 ICT 기업이다. 한화그룹에서 시스템통합(SI), 시스템운영(SM) 관련 서비스를 했던 회사이다. 한편 헬리오스에스앤씨는 한화그룹과는 관련 없는 스틱인베스트먼트가 만든 특수목적회사이며, 상장으로 구주매출을 한다.

정리해보면 한화시스템은 한화에어로스페이스가 지분 53%를 갖고 있는 한화에어로스페이스의 종속기업(자회사)이다. 14.4%는 한화그룹 3세들(에이치솔루션), 32.6%는 스틱인베스트먼트의 몫이다. 한화에어로스페이스는 한화가 33.3%를 갖고 있다. 한화는 김승연 회장이 22.7%, 3세들이 7.8% 지분을 갖고 있다. 즉 방산회사인 한화탈레스에 ICT(SI, SM사업)를 붙여 한화시스템을 만든 것은, 3세 승계를 염두에 둔 것으로 보였다.

2014년에 삼성에스디에스도 그랬고, 2019년 상반기에 상장한 현대오토에버도 모두 그룹사 ICT 기업이고, 상장 후 주가는 급등했었다. 그래서 이번 상장에 대한 기대도 컸다.

투자설명서 분석

① 핵심투자위험을 파악하자

한화시스템의 가장 큰 위험은 투자설명서의 핵심투자위험 편을 보지 않아도 충분히 예상 가능하다.

한화시스템 매출액의 67%가 군사장비이므로 남북관계에 따라 주가도 출렁일 수밖에 없다. 남북 화해 모드 때 현대엘리베이터, 현대로템 등 대북관련주의 주가가 급등했다가, 2차 북미정상회담이 성과 없이 끝나고 나서부터 주가가 급락하는 모습을 목격했다. 반대로 한화시스템 같은 방산기업은 남북 화해 모드 때 주가가 급락하고 분위기가 냉랭할 때 급등하는 모습을 보인다.

아무리 기업의 기초체력(펀더멘털)이 좋아도 투자심리(센티멘털)가 더 강하게 지배하는 섹터이기 때문에 정치외교 흐름을 잘 읽는 것이 오히려 더 중요할 수 있다.

또 다른 매출의 한 축은 시스템통합과 시스템운영인데, 아무래도 한화그룹 내 매출이 많기 때문에 확장성에 대한 기대는 어렵다.

장기적으로 한화 지배구조 개선과 군사장비 수출 증가 여부가

한화시스템의 기업가치에 영향을 줄 것으로 생각했다. 국방예산이 급증하지 않는 이상 방산도 이제 수출만이 살길이기 때문이다.

② 공모가액의 위치를 파악하자

그림25 **한화시스템 공모가액 위치**

정 정 전	정 정 후
- 모집(매출)가액(예정): 12,250원 ~ 14,000원 - 공모주식수: 32,861,424주 - 모집(매출)총액(예정): 402,552,444,000원 ~ 460,059,936,000원	- 모집(매출)가액(예정): 12,250원 - 공모주식수: 32,861,424주 - 모집(매출)총액(예정): 402,552,444,000원

구분	참여건수 기준		신청수량 기준	
	참여건수(건)	비율	신청수량(주)	비율
가격 미제시	24	3.06%	24,351,174	5.23%
14,000원 이상	175	24.34%	269,984,000	58.00%
13,500원 이상 14,000원 미만	5	0.70%	141,000	0.03%
13,000원 이상 13,500원 미만	110	15.30%	73,800,000	15.85%
12,500원 이상 13,000원 미만	17	2.36%	24,093,478	5.18%
12,250원 이상 12,500원 미만	355	49.37%	69,293,874	14.89%
12,250원 미만	35	4.87%	3,812,000	0.82%
합계	721	100.00%	465,475,526	100.00%

기관투자자 721군데가 참여해서 단순경쟁률 23.61:1을 기록했다. 기관투자자들이 큰 관심을 보이지 않았다. 4000억 원 이상을 공개모집 하는 대형주이므로 경쟁률이 높지 않은 것은 당연하다.

공모가액은 밴드 하단인 12,250원으로 결정되었는데 수요예측 신청가격 분포표를 보면 확정공모가액을 많이 내렸다는 느낌이 든다.

〔그림25〕를 보면 14,000원 이상에 가장 많이 몰렸다. 물론 압도적으로 몰린 구간이 없어서 기관투자자 참여를 높이기 위해 밴드 하단인 12,250원으로 정한 것 같은데, 12,500원이나 13,000원, 또는 욕심내서 14,000원으로 결정해도 크게 문제는 없다. 그럼에도 불구하고 12,250원으로 내렸으니 일단 공모가액이 많이 비싸 보이지는 않는다. 단, 기관투자자들의 의무보유확약 신청이 매우 미미했기 때문에 분위기가 좋지 않은 것만은 사실이었다.

③ 유사 기업들과 비교해서 싼 편인가?

회사는 앞서 살펴본 대로 방산과 ICT 두 개의 사업으로 이뤄져 있다. 군사장비 67%, SI와 SM이 33%이므로 유사 기업 선정도 나눠서 정했다.

대표 방산 종목인 LIG넥스원과 한국항공우주를 방산 부문(군사장비) 유사 기업으로, 삼성에스디에스, 포스코ICT, 아시아나 IDT를 ICT 부문(SI, SM) 유사 기업으로 선정해서 기업가치를 측정했다. 단, 평가 방법은 흔히 했던 주가이익비율(PER)이 아닌 EV/EBITDA 방식이었다. 유형자산과 무형자산 비중이 큰 기업들이 감가상각비와 무형자산상각비 부담으로 순이익이 낮게 나오는 측면이 있어서 주관사는 PER 대신 EV/EBITDA를 적용한 것으로 보인다.

금융 쪽에 능통한 독자라면 필자처럼 이 부분도 깊게 파겠지만, 그렇지 않다면 그냥 회사의 순이익과 시가총액 간 비교를 통해 공모가액이 싼지 비싼지 판단해도 된다.

예를 들어 한화시스템의 순이익 대비 공모가액 PER이 18배로 나온다. 한국항공우주나 삼성에스디에스 등 유사 기업의 PER 모두 그보다 높으니 공모가액이 많이 비싸지는 않구나 이렇게 볼 수 있다.

④ 유통가능 주식수를 확인하라

그림26 **한화시스템의 유통가능 주식수**

[유통가능주식수 등의 현황]

(단위 : 주)

유통가능여부	구분		주식의 종류	공모 후 주식수	상장후 매도제한 기간
유통제한물량	최대주주 본인	한화에어로스페이스(주)	보통주	54,000,000	상장일로부터 1년 6개월(주1)
	특수관계자	에이치솔루션(주)	보통주	14,785,550	상장일로부터 1년 6개월(주1)
	기타	헬리오스에스앤씨(유)	보통주	8,583,415	상장일로부터 3개월(주2)
	공모주주(우리사주조합)	우리사주조합	보통주	6,572,285	의무예탁 1년(주3)
	소계		보통주	83,941,250	
유통가능물량	공모주주(우리사주조합 우선배정 제외)		보통주	26,289,139	
상장예정주식수 합계			보통주	110,230,389	

공모주 외에 나올 물량이 없기 때문에 공모주 주주들이 손해 보고 팔지 않는 이상 손해 볼 가능성은 별로 없어 보인다. 그러나 상장 당일 매수하려는 투자자가 비싸다고 생각해서 매수세가 없으면 당연히 주가는 내려갈 수밖에 없으니 공모주 물량 외에 나올 물량이 없다고 안심해서는 안 된다. 유통 물량 자체가 적은 것이 장점임에는 분명하지만, 반드시 다른 분석 포인트와 함께 종합적으로 판단해서 투자를 결정해야 한다.

⑤ 왜 회사는 기업공개를 결정했는가?

공모자금 980억 원 중 70%를 제2데이터센터 건립에 사용한다고 공시했다. 즉 군사장비보다는 ICT 쪽에 우선순위가 매겨지는 것 같다. 나머지 30%는 신규사업 추진인데, 미래 새로운 교통수단인 개인형 항공기 사업 참여로 되어 있다. 미국의 민간용 수직이착륙기 개발사에 대한 투자자금으로 활용된다고 한다. 조금 먼 미래의 일이 될 수 있겠지만 미국 테슬라처럼 주식시장에서 빨리 기업의 가치를 높게 매기는 경우도 있으니 진행 여부를 지켜보는 것도 흥미로울 것이다.

⑥ 어떤 사업을 하는 회사인가?

이미 살펴본 대로 한화시스템의 수익은 군사장비 제조와 ICT

에서 각각 67%, 33%가 발생한다. 방위산업의 가장 대표적인 기업이 한화인 것은 누구나 아는 사실이다. 국방예산에 따라 회사 수주액과 실적도 결정되는 편이다. 결국 성장을 하려면 수출이 늘어나야 한다. 그러나 안타깝게도 매출액에서 수출 비중은 2% 내외로 매우 미미하다.

ICT는 한화그룹 내 매출이 많기 때문에 역시 성장에는 한계가 있어 보인다. 따라서 꾸준한 실적은 가능하지만 성장을 논하기는 어렵다는 판단이 들었다.

⑦ 회사의 재무상태와 손익은 어떠한가?

보유한 금융자산이 4,070억 원, 갚아야 하는 차입금과 사채가 1,201억 원에 불과할 정도로 탄탄한 재무구조를 자랑한다. 2대 주주인 헬리오스에스앤씨(스틱인베스트먼트)가 구주매출로 엑시트(exit)하기 위해 상장하는 모양새같다. 상장을 하면 신주발행으로 회사에 980억 원이 들어오니 재무구조는 더없이 좋아질 것이다.

손익계산서를 보면 매년 매출액 8,000억 원대 중반이었는데 2018년부터 1조1,289억 원으로 늘었고, 2019년 반기까지 6,547억 원이나 되었다. 2018년부터 갑자기 30% 이상 매출이 증가해서 성장한 모습이다. 그러나 앞서 설명한 대로 2018년 8월 1일에 한화에스앤씨를 흡수합병했기 때문에 매출이 더해진 것이다. 한화에스앤씨는 한화시스템과 합병해서 ICT 사업부문을 담당하고 있다.

합병 전까지 한화시스템의 영업이익률은 고작 3%대에 불과했는데 합병 후 5%대까지 늘어났다. 결국 합병이 기업가치에 도움이 되었다. 무엇보다 현금흐름이 가장 큰 장점으로 보였다. 2019년 반기에 영업활동현금흐름이 2,406억 원인데 유형자산과 무형자산 투자에 420억 원밖에 지출이 안 됐다. 과거 추이를 봐도 사업에 대한 재투자에 돈이 아주 많이 들어가지 않는다는 것을 알수 있다. 즉 잉여현금흐름(Free cash flow) 창출이 가능하다는 얘기인데, 앞서 한화시스템의 재무구조가 왜 좋은지에 대한 설명이 여기서 가능하다.

이렇게 현금흐름이 좋고 사업에 대한 재투자 부담이 크지 않은 기업은 배당금을 많이 풀 가능성이 있다. 실제로 2019년 사업연도가 끝나고 회사는 1주당 310원의 배당금을 지급했다. 시가 기준 배당수익률은 3%대로 아주 높지는 않지만, 벌어들인 이익 대비 배당금 지급 비율인 배당성향이 47%나 될 정도로 배당에는 적극적인 편이다. 3세의 지분율이 높기 때문에 계속 배당을 많이 할 가능성이 있어 보인다.

청약 결정

한화시스템에 청약할지에 대해서는 고민이 정말 많았다. 지금까지 살펴본 내용만으로는 청약을 해서 수익이 반드시 날 것이라는 확신이 들지 않았다.

분석내용을 정리해보면 기관투자자 수요예측 결과도 별로였고, 성장성도 그렇게 있어 보이지 않으며 이익률도 높지 않다.

장점은 꾸준히 실적과 배당금을 안길 수 있는 기업이라는 점과 탄탄한 재무구조, 그리고 유사 기업들과 비교했을 때 공모가액이 비싸지 않다는 점이다. 그리고 한화그룹 지배구조 개편 및 승계에 활용될 수 있는 기업이라는 점이 장기적으로 좋아 보였다.

대기업에 대한 기대로 무조건 청약을 하는 독자들도 있겠지만 대기업이라고 해서 반드시 SK바이오팜처럼 공모가 대비 주가가 많이 올라서 큰 수익을 가져다주는 것은 아니다.

삼성에스디에스, 제일모직, SK디앤디, 해태제과, 애경산업, 현대오토에버, SK바이오팜처럼 고수익을 안겨준 대기업들도 있었지만, 삼성생명, 이노션, 넷마블, 진에어 등 대기업 또는 대기업 계열사 중 공모가 대비 하락해서 큰 손실을 준 경우도 있었다. 따라서 대기업이라는 이유로 다 청약하는 것은 바람직하지 않다.

확신이 서지 않을 때는 청약을 포기하거나, 하더라도 위험을 감내할 수준까지 청약하는 것이 좋다. 예를 들어 10% 손실까지 날 수 있고 50만 원 정도 손실은 괜찮다고 생각하면 경쟁률을 고려해서 500만 원어치만 배정받을 수 있도록 청약하는 것이다.

필자 역시 확신이 서지 않았지만 기업 승계 관련해서 삼성에스디에스나 현대오토에버 같은 학습효과가 있어서 청약하기로 결정했다. 그러나 기업 승계가 당장 일어날 일은 아니기 때문에 주가가 바로 반응하지 않을 가능성을 고려해 손실 감내 수준 내에서 청약하는 것으로 정했다.

공모자금 마련부터 상장 후 매도까지

청약경쟁률도 높지 않았고, 청약도 많이 하지 않을 예정이라 마이너스통장이나 보험약관대출은 동원되지 않았다.

시장 분위기도 그렇게 긍정적이지 않아서인지 청약경쟁률은 20:1 수준으로 마감되었다.

이미 2019년 10월까지 크지는 않지만 어느 정도 공모주로 수익을 거둔 상황이기 때문에 벌어 놓은 이익의 10% 정도만 손실을 봐도 그렇게 부담되는 수준은 아니었다. 공모주 대부분이 수익을 안겨 주기 때문에 때로 손실이 발생해도 메꿀 수 있다.

결국 상장일 시초가부터 공모가액 12,250원을 5% 하락한 11,600원에서 시작했고, 11,100원의 종가로 거래를 마쳤다. 상장 3일째부터 공모가액을 회복했으나 다시 2일 만에 공모가액 밑으로 떨어져 2020년 7월까지 공모가액을 회복하지 못했다. 더욱이 남북 평화 모드가 유지되는 상황이다 보니 한동안 주가는 힘을 잃었고, 2020년 상반기에 북미 간 분위기가 좋지 못하면서 주가가 크게 오르는 모습도 보였지만 공모가액 회복에는 실패했다.

일단 감내할 수 있는 손실이기 때문에 매도가 급하지는 않았다. 그냥 배당금 받으면서 몇 년 지켜봐도 될 정도의 원금 수준이다. 어차피 한화그룹도 승계 문제가 있기 때문에 3세들이 지분을 많이 보유한 기업들의 쓰임새가 많아질 가능성이 크다. 그 타이밍이 언제인지는 아무도 예측할 수 없다. 그렇기 때문에 주식투자는 여유자금으로 해야 하고 장기적 관점에서 지켜볼 수 있는 느긋함도 있어야 한다.

2019년부터 2020년 상반기까지 공모주 청약으로 대부분 수익을 실현했고 손실이 발생한 종목이 3개 정도 되는데, 그 중 가장 대표할 만한 종목이라 이렇게 소개했다.

이렇게 공모주 투자는 손실이 발생할 수 있음을 명심하고 반드시 투자설명서의 중요내용을 종합적으로 살펴서 판단하고 결정하기 바란다. 그리고 확신이 들지 않는 종목에 대해서는 앞서 언급한 대로 청약을 포기하거나 손실을 감내할 수 있을 정도만 청약하는 것이 현실적으로 좋은 방법이다.

또한 손실이 발생해도 그동안 벌어 놓은 공모주 수익이 있기 때문에 심리적으로도 크게 위축될 필요가 없다. 계속 쏟아져 나오는 공모주에서 만회하면 되니까 말이다.

스팩(SPAC) 투자란
무엇인가?

스팩(SPAC)은 기업인수목적회사(Special Purpose Acquisition Company)의 약자로 비상장기업과 합병하기 위해 설립한 서류상 회사(Paper Company)이다. 즉 스팩에 공모주 청약을 하여 주식을 받으면 서류상 회사의 주주가 되는 것이다.

공모주 청약을 하다 보면 가장 눈에 많이 띄는 것 중에 하나가 바로 스팩이다. 증권사명과 번호가 결합되어 IBKS제14호스팩, 엔에이치스팩16호, 교보10호스팩 같은 이름의 공모주 청약이 많이 있다.

스팩(SPAC)은 기업인수목적회사(Special Purpose Acquisition Company)의 약자로 비상장기업과 합병하기 위해 설립한 서류상 회사(Paper Company)이다. 즉 스팩에 공모주 청약을 하여 주식을 받으면 서류상 회사의 주주가 되는 것이다.

국민게임 애니팡을 만든 선데이토즈는 비상장기업이었으나 스팩과의 합병을 통해 상장했었다. 그밖에 인공눈물로 유명한 디에이치피코리아, 5G통신장비주로 유명한 RFHIC 등이 이런 사례에 해당된다.

증권사가 공모주주들로부터 자금을 받아 스팩이라는 서류상 회사를 설립하여 상장을 시킨다. 상장된 스팩은 오로지 합병을 위한 비상장회사를 찾는 일만 하고 특별한 사업모델은 없다. 따라서 스팩 상장 후에 공모가액 2,000원 대비 주가의 등락이 크지 않다. 단, 합병이 진행된다는 소문이 돌면 그때부터 스팩의 주가가 출렁이기도 한다. 우수한 회사와 합병을 한다고 하면 아무래도 합병후 기업가치가 많이 올라갈 것으로 기대되기 때문이다.

스팩이 상장되어 비상장회사와 합병을 할 수 있는 기간은 36개월이다. 36개월의 기간 동안 스팩이 마땅한 대상회사를 찾지 못해 합병을 성사시키지 못하면 해산된다. 회사가 해산되면 주주는 빈털터리가 되는 것이 아닌가 생각할 수 있겠지만, 스팩은 원금 + 약간의 이자를 보장하는 형태다.

다음은 2020년 6월에 공모가액 2,000원에 청약을 진행했던 IBKS제14호스팩의 투자설명서 내용이다.

[사례]

라. 1주당 지급예상금액

[1주당 지급예상금액을 산정할 때 사용되는 가정]
- 당사가 납입기일부터 36개월 이후 해산하는 경우
- 예치이율 1.1% 가정

당사가 주권모집에 따른 납입기일 36개월 이내에 합병대상법인과 합병등기를 완료하지 못하여 해산하게 되는 경우, 당사의 공모에 참여한 주주는 다음과 같은 1주당 금액을 지급받게 됩니다.

구분	금액
예치자금(A)	8,000,000,000원
이자율(B)	1.1%
예치기간(C)	36개월
총 반환예정금액(D=A*(1+B)∧3)	8,266,914,648원
공모주식수(E)	4,000,000주
1주당 반환예정금액(F=D/E)	2,067원

주) 상기 1주당 반환예정금액은 현재의 예치 시중금리를 바탕으로 복리 계산에 의하여 산출하였으며, 36개월 동안 변경되는 이자율 및 36개월내 당사가 해산시에 따른 예치기간 변경 등에 따라 달라질 수 있습니다.

공모주식에 대하여 상기와 같이 지급되는 금액이 공모주식의 발행가액에 미달하고 예치자금 이외에 해산 당시 당사가 기타 잔여재산을 보유하는 경우, 기타 잔여재산은 공모주식에 대하여 잔여재산분배로서 지급되는 금액이 공모주식의 발행가액에 달할 때까지 우선적으로 공모주식을 대상으로 하여 주식수에 비례하여 지급합니다.

마음 편한 투자자라면 36개월 동안 연 1.1%의 이자를 지급받는 적금에 가입한 셈 치면 된다. 36개월 이내에 좋은 비상장기업과 합병하면 시세차익을 얻을 수 있다.

하나그린스팩은 선데이토즈와 합병한 후에 주가가 1년 안에 4배 이상 올랐다. 합병에 실패해도 만기에 2,111원을 돌려받을 수 있어서 위험은 거의 없었다. 스팩의 주가 또한 2,111원 아래로 떨어질 위험도 없어 보이니 청약을 해볼 만했었다. 스팩은 공모가액 2,000원으로 균일하고 일반 공모주와 달리 증거금 100%를 납입해야 한다. 청약한도는 적지 않은 편이다. 앞서 살펴본 IBKS제14호스팩은 4,000,000주를 발행하는데, 이 중 20%인 800,000주가 개인 배정분이고, 청약한도는 5%인 40,000주이다. 보통 일반 공모주는 개인 총 배정분 대비 청약한도는 3~4% 선이다.

2015년 전후로 스팩과 비상장법인 간 합병 성사가 잘 되면서 스팩의 인기가 좋아지자 청약경쟁률이 수백 대 1이 되는 경우도 부지기수로 생겨났었다. 이런 경우 정말 기대수익이 높지 않을 것이다. 그러나 요즘은 좀 시들해진 측면이 있어서 그런지 스팩 청약 때 미달사태가 나오기도 한다. 스팩이 좋은 기업과 합병하여 합병 후에 주가가 쑥쑥 올라가는 것이 최고의 시나리오지만, 개인투자자 입장에서는 합병이 잘 진행되는지, 그냥 페이퍼컴퍼니로 남아 있을지 아무도 장담할 수 없다.

자금의 여유가 있는 투자자라면 여러 스팩을 다 청약해놓고 기다려보는 것도 불확실한 시대에 괜찮은 투자 방법이 될 수 있을 것이다. 잘 되면 합병 이슈로 시세차익을 많이 거둘 수 있고, 안 돼도 손해는 보지 않을 것이기 때문이다. 단, 꽂아 놓는 낚싯대가 많아질수록 관리는 잘해야 할 것이다.

리츠(REITs) 투자란 무엇인가?

리츠(REITs)는 부동산투자신탁을 의미한다. 주주들이 리츠사의 주주가 되면 부동산을 취득한 것과 같은 효과가 발생한다. 리츠사가 투자 목적으로 취득한 부동산을 처분하거나 임대사업을 하면, 주주 역시 간접적으로 처분이익과 임대수익을 얻는 효과를 누리게 된다. 주주이므로 이 부분은 배당금으로 돌려받는다. 배당수익률이 직접 부동산에 투자해서 거두는 수익률이나 은행 예금금리보다 높다면, 투자자에게 매우 좋은 투자처가 될 것이다. 이렇게 리츠를 통해 소규모의 종잣돈으로 누구나 건물주가 될 수 있다.

롯데리츠가 성공적으로 상장을 하면서 NH프라임리츠, 이지스밸류리츠, 이지스레지던스리츠 등이 줄지어 상장을 했고, 앞으로도 많은 리츠 상품이 계속 나올 예정이다. 단, 이지스밸류리츠가 상장하자마자 공모가액 이하로 곤두박질쳤기 때문에 계속 흥행에 성공할지는 지켜봐야 한다.

롯데리츠 이전에 이미 신한알파리츠, 이리츠코크랩 등 여러 부동산투자회사의 주식이 거래되고 있었지만, 큰 규모의 롯데리츠가 성공적으로 상장을 하며 본격적인 리츠 시대가 열렸다는 평이 지배적이다.

리츠(REITs)는 부동산투자신탁을 의미한다. 주주들이 리츠사의 주주가 되면 부동산을 취득한 것과 같은 효과가 발생한다. 리츠사가 투자 목적으로 취득한 부동산을 처분하거나 임대사업을 하면, 주주 역시 간접적으로 처분이익과 임대수익을 얻는 효과를 누리게 된다. 주주이므로 이 부분은 배당금으로 돌려받는다. 배당수익률이 직접 부동산에 투자해서 거두는 수익률이나 은행 예금금리보다 높다면, 투자자에게 매우 좋은 투자처가 될 것이다. 이렇게 리츠를 통해 소규모의 종잣돈으로 누구나 건물주가 될 수 있다.

또한 기업 입장에서도 소유한 부동산을 깔고 있지 않고 현금화할 수 있는 길이 열렸다고 볼 수 있다. 롯데쇼핑은 자본금 50억 원으로 롯데리츠라는 회사를 설립하고, 롯데백화점 강남점을 4,249억 원에 현물출자 했다. 자산 규모 4,299억 원짜리 롯데리츠의 사업은 이렇게 현금 50억 원과 부동산 1개로 시작한 셈이다. 그리고 기업공개를 통해 투자자들로부터 4,299억 원을 조달받았고, 이 돈으로 롯데쇼핑 소유의 백화점, 마트, 아울렛 등을 추가로 구입할 예정이다. 결국 롯데쇼핑은 50억 원을 들여 회사 하나를 만들어서 부동산을 넘기고 롯데리츠를 통해 자본을 조달받은 셈이 된다.

롯데쇼핑은 부동산 소유권을 넘겼지만 계속 그 자리에서 사업을 해야 하니 롯데리츠에 임차료를 지급해야 한다. 그 대신 롯데쇼핑은 유형자산에 대한 관리비와 감가상각비가 절감되고, 롯데리츠의 최대주주로서 배당금을 받으니 어느 정도 임차료 부담을 상쇄시킬 수 있다.

롯데리츠는 이렇게 롯데쇼핑이 직접 주주로 참여해 주도적으로 사업을 하는 직접리츠인 데 반해, NH프라임리츠나 이지스밸류리츠 및 이지스레지던스리츠는 재간접리츠로 분류된다.

재간접리츠

재간접리츠는 직접 부동산에 투자하는 것이 아니라 부동산에 투자한 증권을 매입하는 것을 의미한다. 예를 들어 NH프라임리츠는 직접 부동산투자를 하지 않고 서울스퀘어, 삼성물산 서초사옥 등 4개의 오피스빌딩에 투자한 증권을 취득했다. 이지스밸류리츠도 강북의 랜드마크였던 서울시청역 앞 태평로빌딩에 투자한 증권을 취득했다. 직접 투자하나 부동산에 투자한 증권을 취득하나 투자자 입장에서는 그 부동산 건물이 잘 운영되고 배당금만 잘 들어오면 큰 문제는 없다.

그런데 제도적으로 한 가지 이슈가 있다. 바로 주식 수급 문제이다. 자본시장법에 따르면 재간접펀드에 공모펀드가 투자를 할 수 없게 되어 있다고 한다. 물론 외국인 투자자나 사모펀드에서 매수세가 강하게 들어오면 문제없겠지만, 그래도 기관투자자의 큰 축인 공모펀드가 들어올 수 없다고 하면 시장에서 자연스럽게 관심이 떨어질 가능성이 크다. 공교롭게도 2020년 7월 현재 롯데리츠는 공모가액 위에서 거래가 되고 있는 반면, 재간접리츠인 NH프라임리츠와 이지스밸류리츠는 모두 공모가액 아래에서 거래 중이다.

그래도 리츠는 배당에 대한 메리트가 워낙 큰 상품이기 때문에 시가배당률을 고려해서 투자해볼 만한 상품이다.

리츠의 투자설명서는 일반 공모주와 목차가 상이한데, 가장 중요한 리츠의 투자대상 자산과 배당금에 관한 사항을 확인하는 위주로 살펴보면 될 것이다. 나머지 공모가격 확정 및 기관투자자 수요예측 결과 등은 일반 공모주와 마찬가지로 투자설명서 맨 앞에 나온다.

① 투자대상 자산

〔그림27〕의 투자설명서 목차에서 '8. 집합투자기구의 투자대상'에 들어가면, 이 리츠 상품이 어떤 부동산에 투자하는지, 그리고 임대료, 공실률 등 현황은 어떤지 자세한 내용을 확인할 수 있다.

그림27 **롯데리츠 투자설명서 중 집합투자기구의 투자대상**

8. 집합투자기구의 투자대상

가. 투자대상

당사 보유 부동산은 서울시 강남구 대치동에 위치한 롯데백화점 강남점이며, 동 부동산을 운용하여 임대료 수취를 통해 수익을 창출하고 있습니다.

당사는 상법 제422조(현물출자의 검사)에 따라 2019년 5월 30일 동부지방법원의 검사를 통하여 롯데쇼핑(주)로부터 롯데백화점 강남점을 현물출자 방식으로 취득하였습니다. 현물출자 자산인 롯데백화점 강남점은 (주)대한감정평가법인의 평가금액인 424,905백만원에 거래되었으며, 증권신고서 제출일 현재 당사가 보유하고 있는 부동산의 내역 및 예상매출액은 다음과 같습니다.

(단위: 백만원)

| 사업명 | 투자 부동산 | 매출액(비율) | | 사업개요 |
		향후 연간 예상 매출	1기 (2019.03.29~2019.06.30)	
부동산 임대	롯데백화점 강남점	20,837	2,004	- 향후 추가자산 투자, 편입 또는 보유 자산 매각에 따라 예상매출 변동 가능

주1) 연간 예상 임대료는 2019년 11월 ~ 2020년 10월까지의 (예상)임대료 기준이며, 연 고정 임대료 상승률은 1.5%입니다.
주2) 1기 임대수익은 2019년 5월 30일 롯데쇼핑(주)로부터 롯데백화점 강남점을 현물출자 방식으로 취득한 이후의 수익입니다.

같은 방법으로 재간접리츠인 NH프라임리츠의 투자설명서를 찾아보면 다음과 같이 투자대상을 설명하고 있다.

당사는 4개의 부동산 관련 증권에 투자할 계획이고, 4개 증권은 'ARA펀드'의 1종 수익증권, '케이비강남1호리츠'의 우선주, '유경11호펀드'의 수익증권, '현대38호펀드'의 수익증권으로, 각 투자기구에서 발행한 주식의 일부를 공모의 주금납입이 완료된 후 매입할 예정입니다.

즉 부동산에 투자하는 것이 아니고 4개 부동산 수익증권을 매입한다고 명시했다. 수익증권 총액 대비 리츠 상품이 차지하는 비중도 나오고, 그 수익증권이 투자한 부동산에 대한 정보도 공시되어 있다. 롯데리츠는 직접 부동산에 투자하는 데 반해, 재간접리츠는 '한 다리 걸친다'는 표현을 쓰는 편이 맞을 것 같다.

② 배당금에 관한 사항

배당금에 관한 사항은 주의 깊게 읽어 볼 필요가 있다. 리츠사는 회계기간이 6개월이라 1년에 배당금을 2번 준다. 그런데 투자설명서에서는 6개월에 한 번 주는 이 배당금에 대해 연환산수익률로 표시했기 때문에 자칫하면 고배당주로 오인할 수 있다.

그림28 **롯데리츠 투자설명서 중 이익배분 및 과세에 관한 사항**

2) 발행가 5,000원 기준

기준일		2019.12.31	2020.06.30	2020.12.31	2021.06.30
사업기수		2기	3기	4기	5기
예상목표 배당수익률	공모투자자	10.11%	6.35%	6.39%	6.48%
	롯데쇼핑	3.37%	6.35%	6.39%	6.48%

주1) 5,000원 기준 예상 연환산 배당수익률이며,실제 배당금 및 배당수익률은 향후 운용 과정에서 변동될 수 있습니다.
주2) 예상목표배당수익률은 납입자본금 및 기간별 배당금을 기준으로 산출하며, 2기 공모투자자의 예상목표배당수익률은 투자기간을 고려한 연환산 배당수익률입니다.
출처) 삼일회계법인 재무분석보고서

(4) 배당지급시기 및 결정방법

당사의 회계연도는 6개월 단위로 하여 매년 1월 1일에 개시하여 6월 30일에 종료하고 7월 1일 개시하여 12월 31일에 종료할 계획입니다. 배당금은 정기주주총회의 결의로 승인을 받아 매 회계연도 종료일 현재 주주명부에 적법하게 등재된 당사의 주주에게 지급됩니다.

〔그림28〕의 주1)에 언급한 대로 연환산배당수익률이 명시되어 있다. 예를 들어 2020년 3, 4분기에 롯데리츠 주식을 매수한다면 투자자는 이 투자설명서를 보고 4기에 5,000원의 6.39%, 즉 320원의 배당수익을 기대할 수 있다. 그러나 실제로 기대할 수 있는 배당금은 160원이다. 왜냐하면 3기가 6월 30일에 끝나고 4기가 12월 31일에 끝나기 때문에 연환산수익률 6.39%의 6/12인 3.195%, 160원이 정확한 값이다. 단, 이는 투자설명서에 언급한 대로 예상 목표배당수익률이지 실제 그렇게 주겠다는 의미는 아니다.

　NH프라임리츠의 투자설명서에서 '이익배분 및 과세에 관한 사항'을 보면, 회계 결산이 끝나는 5월 31일(2기) 기준으로 예상배당금은 24억5,900만 원, 예상배당률은 '5.27%(연환산)'라고 표시했다. 그런데 회사는 6월 26일 공시를 통해 배당금 총액 23억6,900만 원, 1주당 배당금 127원으로 공시했다.

　배당금 총액이 약 9,000만 원 감소했고, 5,000원 기준 예상배당금은 5,000원×5.27%×6/12=131.75원인데, 127원만 지급하니 1주당 약 4.75원 덜 주는 셈이다.

　NH프라임리츠의 주가는 공모가액을 하회한 4,000원 중반에 거래 중이고, 롯데리츠는 5,000원 초반까지 내려온 상황이다. 코로나19로 인해 재택근무가 늘어나고 있는 상황에서 오피스 건물에 대한 리츠가 과연 성공할지는 좀 더 두고봐야 할 것 같고,

재간접리츠는 수급에 단점이 있다는 점도 무시할 수 없는 사실이다.

일단 리츠 상품이 상장할 때는, 예상 배당수익률이 현재 상장되어 있는 다른 리츠 상품과 비교해서 높은지 여부를 따져봐야 할 것이다.

예를 들어 이지스밸류리츠도 재간접리츠인데, 투자설명서 상 예상 배당수익률은 6% 초반으로 롯데리츠나 NH프라임리츠보다 높게 나와서 투자를 해볼 만하다는 판단이 나온다. 공모가 5,000원 기준으로 롯데리츠나 NH프라임리츠의 시가배당률만큼 주가가 나오려면 5,700원까지 주가가 갈 수 있겠다는 계산이 나오니 공모주는 청약해볼 수 있다는 얘기다. 그러나 재간접리츠의 수급 문제로 인해 청약날 경쟁률은 매우 낮은 37:1 수준이었고, 상장 당일부터 주가가 공모가액을 하회하는 상황이 벌어졌다.

앞으로 계속 나올 리츠 상품에 대해 직접리츠, 재간접리츠 여부, 예상 배당수익률 등을 꼼꼼히 살펴 청약에 임해야 할 것이다.

전환사채(CB) 투자란 무엇인가?

전환사채(CB, Convertible Bond)는 공모주가 아니다. 그럼에도 불구하고 공모주 책에 이 내용을 소개하는 이유는, 장외주식사이트의 공모주 청약 스케줄에도 전환사채 청약 일정이 포함되어 있고, 무엇보다 현대로템 전환사채 청약으로 많은 투자자들이 큰 수익을 얻으면서 관심의 대상이 되었다.

전환사채(CB, Convertible Bond)는 공모주가 아니다. 그럼에도 불구하고 공모주 책에 이 내용을 소개하는 이유는, 장외주식사이트의 공모주 청약 스케줄에도 전환사채 청약 일정이 포함되어 있고, 무엇보다 현대로템 전환사채 청약으로 많은 투자자들이 큰 수익을 얻으면서 관심의 대상이 되었다.

특히 코로나19로 인해 기업들 사정이 어려워지면서 자본조달에 대한 니즈는 더 커진 데 반해, 금융권 문턱은 예전보다 더 높아졌다. 그래서 상장사들은 자연스럽게 증권사를 통한 사채발행 쪽에 관심을 가질 수밖에 없게 되었다. 사채발행을 통하면 자본조달이용이한 편이지만, 좋은 조건을 내걸지 않으면 사채권자를 모으기 어렵다. 그래서 기업들이 주식으로 전환할 수 있는 전환사채나 신주를 인수할 수 있는 권리가 부여된 신주인수권부사채(BW, Bond with Warrant)를 좋은 조건으로 발행해야 모객이 잘될 테니, 투자자들은 좋은 기회가 올 때 놓치지 말고 꼭 잡기 바란다. 그러려면 이런 금융상품에 대한 공부는 필수라 하겠다.

전환사채의 구조

전환사채는 일반사채에 주식으로 전환할 수 있는 옵션이 포함된 사채를 의미한다.

예를 들어 상장기업 A사는 자본조달 목적으로 전환사채 1,000,000원짜리(만기 3년, 금리 2%)를 발행했다. 이 사채를 인수하면 상장된 A기업의 주식을 1주당 1,000원에 전환할 수 있다. 한편 주식시장에서 A기업의 주식은 1주당 2,000원에 거래 중이다. A사의 전환사채를 인수한 투자자는 3년 동안 금리 2%, 즉 매년 20,000원의 이자를 받다가 3년 뒤에 원금을 상환받으면 된다.

그런데 전환사채 보유자는 주식시장에서 2,000원에 거래되는 주식을 1,000원에 전환할 수 있는 권리가 있다. 매년 20,000원의 이자를 받는 것과 만기에 원금 1,000,000원 받는 것을 포기하고 주식으로 전환하는 것이 훨씬 이득이다. 왜냐하면 이 투자자는 A

사 주식 1,000주(1,000,000원 / 1,000원)를 받아서 주식시장에 2,000원에 매각하면 1,000,000원의 수익을 얻을 수 있으니, 기본 산수만 해봐도 누구나 주식으로 전환할 것이다.

그런데 회사는 왜 이런 전환사채를 발행할까?

당연히 자본조달이 가장 큰 목적이다. 은행 차입은 여의치 않고 유상증자 받기도 어려울 것 같으면, 당근(전환권)이 포함된 이런 사채를 발행하는 것이 자본조달 성공확률을 높일 수 있다. 그리고 무엇보다 사채권자들이 만기에 원금을 돌려받지 않고 주식으로 전환하겠다고 결정하면, 회사 입장에서는 부채가 소멸되고 자본이 증가하니 〔그림29〕처럼 재무구조가 개선되는 효과가 생긴다.

그림29 **전환사채 주식 전환 효과**

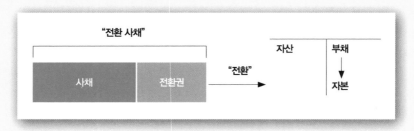

현대로템 전환사채 사례

그림 30 현대로템 전환사채 투자설명서

투 자 설 명 서

2020년 06월 05일

(발 행 회 사 명)
현대로템 주식회사
(증권의 종목과 발행증권수)
현대로템(주) 제30회 무기명식 이권부 무보증 전환사채 금 이천사백억원
(모 집 또는 매 출 총 액)
금 이천사백억원정 (₩240,000,000,000)

1. 증권신고의 효력발생일 : 2020년 04월 27일

2. 모집가액 : 금 이천사백억원정 (₩240,000,000,000)

3. 청약기간 : 구주주 : 2020년 06월 09일 ~ 2020년 06월 10일
일반공모 : 2020년 06월 12일 ~ 2020년 06월 15일

위 그림은 전자공시시스템(dart.fss.or.kr)에 공시된 현대로템의 전환사채 투자설명서이다. 투자설명서의 첫 화면에 나오는 것처럼 무기명식 이권부 무보증 전환사채 2400억 원을 발행하는데, 구주주부터 청약하고 일반공모는 그 이후에 진행된다고 써 있다.

회사가 망하면 원금을 돌려받을 수 없는 무보증 위험상품이고, 현대로템 구주주들부터 먼저 청약할 수 있다. 만약 현대로템 구주주들이 권리를 포기하면(실권) 일반투자자들이 남은 잔량에 대해 참여할 수 있다. 작은 중소 코스닥기업들은 대개 사모펀드나 몇몇

투자사를 상대로 사채를 발행하여 자본을 조달하는 데 반해, 큰 기업들은 이렇게 공개모집 절차를 거친다.

사채에 관한 일반사항을 읽어 보면, 연 이자율은 1%이고, 만기보장수익률은 3.7%로 제시했으며, 권리행사가격은 9,750원으로 되어 있다. 사채발행 후 한 달 지난 시점부터 주식으로 전환할 수 있고, 사채의 만기는 3년이다.

현대로템의 주가가 15,000원 선에서 거래되고 있어도 전환사채를 보유한 투자자는 1주당 9,750원으로 주식 전환한 후 주식시장에 가서 매도하면 된다.

만약 주가가 급락해서 주식으로 바꾸는 것이 실익이 없다면, 만기까지 기다려서 원금을 상환받으면 된다. 그런데 투자자 입장에서 주식으로 전환도 못 하고, 연 1% 이자만 받다가 3년 뒤 만기에 원금만 돌려받으면 억울하다. 그래서 회사는 만기까지 보유한 투자자에게 3.7%(만기보장수익률)로 보장해준다고 제시했다. 그래야 투자자들을 모집할 수 있을 것이다.

리픽싱(Refixing) 조항

또한 주식가격이 하락해도 전환사채를 주식으로 전환할 수 있는 기회가 완전히 사라지는 것은 아니다.

투자설명서를 읽어 보면 다음과 같은 문장이 나온다.

본 전환사채의 전환대상주식은 유가증권시장에 상장되어 유통되고 있는 현대로템(주) 보통주식이며, 전환가격은 9,750원으로, 본 전환가액과 관련하여 시가 하락에 의한 전환가액 등은 발행 시 '전환가액'의 80%에 해당하는 가액까지 하향조정(Refixing) 할 수 있습니다.

즉 최대한 주식으로 전환할 수 있는 기회를 준다. 그런데 이렇게 되면 기존의 현대로템 주주 입장에서는 회사 주식수가 너무 많아져서 주식의 가치가 희석되는 문제가 생긴다. 회사의 실적이 예년과 비슷하고 매년 비슷한 금액의 배당금을 주는 상황에서 주식수가 많아지게 되면, 1주당 순이익과 1주당 배당금이 줄어드는 희석화 효과가 생긴다. 그래서 예전부터 이런 전환사채, 신주인수권부사채를 가리켜 '희석증권'이라고 불렀다.

조기상환청구권

회사가 조달받은 자본을 사업에 투입해서 실적이 잘 나오기 시작한다면 빨리 원리금을 상환하거나 주식 전환을 막아서 기존 주주들을 보호해주고 싶어할 것이다. 그래서 회사는 다음과 같은 약정을 걸었다.

또한 본 전환사채는 발행일로부터 1개월 후부터 만기 1개월 전까지 연속 15거래일간 발행회사의 보통주 종가가 전환가액의 140%를 초과할 경우 발행회사가 조기상환청구권을 행사하여 '본 사채'의 미상환 잔액을 상환할 수 있습니다. 조기상환청구권 행사에 따라 전환권 행사의 제약이 발생할 수 있으므로 투자자 여러분께서는 이 점 유의하시기 바랍니다.

이런 조항은 회사가 제시해도 되고 안 해도 된다. 그리고 상세 내역도 회사가 정하기 나름이다. 그리고 "상환할 수 있습니다."로 표현했기 때문에 자금 사정이 여의치 않으면 상환할 수 없다는 의미이기도 하다.

이와 반대로 조기상환청구권을 회사가 아닌 사채권자가 갖는 경우도 있다. 예를 들면 전환가액과 주가 간 차이가 별로 안 커서 전환 메리트가 없을 때, 사채권자가 회사를 상대로 조기에 전환사채를 상환해 달라고 요구할 수도 있다. 물론 회사와 사채권자 간 협의를 통해 약정을 넣는 것이지 필수사항은 아니다.

사채 발행 때마다 이런 약정은 다 다르기 때문에 투자자가 꼼꼼히 읽어 봐야 한다. 그래야 큰 위험 없이 많은 수익을 얻을 수 있을 것이다.

전환사채 청약

한편 현대로템 구주주들 청약 기간이 끝나고 다음과 같은 공시가 전자공시시스템을 통해 올라왔다.

그림31 현대로템 구주주 청약 결과

기타 경영사항(자율공시)

1. 제목	현대로템(주) 제30회 무기명식 이권부 무보증 전환사채 구주주 청약 결과
2. 주요내용	1. 증권의 종류 : 제30회 무기명식 이권부 무보증 전환사채 2. 발행 방법 : 국내공모 전환사채 발행 3. 발행 결정 최초 이사회 결의일 : 2020-03-25 4. 발행예정금액(원) : 240,000,000,000 5. 실제발행금액(원) : 74,487,250,000 6. 납입일 : 2020-06-17
3. 결정(확인)일자	2020-06-11
4. 기타 투자판단과 관련한 중요사항	

- 당사 2020년 3월 25일 이사회 결의에 의한 제30회 무기명식 이권부 무보증 전환사채는 상기내용과 같이 구주주 청약이 완료되었습니다.

- 주주배정 공모 미청약에 따른 일반공모 예정 금액은 165,512,750,000원이며, 청약은 06월 12일 ~ 06월 15일 인수단인 NH투자증권과 현대차증권을 통해 청약 신청이 가능합니다.

- 일반공모 완료 결과는 별도 공시를 통해 안내해드릴 예정입니다.

최대주주인 현대차를 비롯해 구주주들이 청약을 많이 하지 않아서 생각보다 실권이 꽤 되었다. 1,655억 원어치는 일반투자자 몫으로 돌아왔고, 6월 12일과 15일 양일에 거쳐(13일과 14일은 주말이었음) 개인투자자들이 몰려들었다. 단, 이런 사채 청약은 공모주와 달리 증거금 100%를 요구한다.

청약한도가 딱히 없어서 돈 많은 사람은 많이 청약할 수 있다. 단 공모주와 마찬가지로 [그림32]처럼 청약 단위에 맞춰서 청약해야 한다.

그림32 현대로템 일반공모 청약한도와 청약 단위

> 나. 일반공모의 청약한도는 청약사무취급처별로 "일반공모 모집금액"의 100% 범위 내로 하며, 청약한도를 초과하는 부분에 대해서는 청약이 없는 것으로 본다. 일반공모의 청약단위는 최소청약단위를 100만원으로 하여 100만원 이상 1,000만원 미만은 100만원 단위, 1,000만원 이상 1억원 미만은 1,000만원 단위, 1억원 이상 10억원 미만은 5,000만원 단위, 10억원 이상 100억원 미만은 5억원 단위, 100억원 이상은 50억원 단위로 한다.

이틀간 8조 원의 돈이 들어왔고 경쟁률 47.72:1을 기록했다. 전환사채 청약 단위는 10,000원인데 3억 원을 증거금으로 납입하면 629개, 629만 원어치를 받게 된다. 한 달 뒤에 주식으로 전환하겠다는 신청을 하면 주식 629만 원/9,750원＝645주를 받을 수 있다.

현대로템의 주가가 17,000원 선이니 주식시장에서 매도할 경우, 투자자는 약 467만 원[(17,000 − 9,750)원×645주]의 수익을 거둘 수 있다.

채권 거래

채권 청약을 받지 못해도 자본시장에서 채권은 얼마든지 살 수 있다. 주식시장처럼 채권도 거래가 되기 때문이다.

HTS나 MTS의 채권 – 장내채권매매에 들어가면 채권 매수, 매도가 가능하다. 2020년 7월 현재 현대로템의 전환사채는 50% 이상 오른 15,000원 선에서 거래되고 있다.

전환사채 보유자는 당장 이 채권을 팔아서 50% 수익을 거둘 수 있다. 주식으로 바꾸면 더 큰 수익을 거둘 수 있는데 왜 채권을 매각하려는 투자자가 있을까?

그 이유는 바로 아래 전환청구 관련 공시에서 힌트를 얻을 수 있다.

전환청구

그림33 현대로템 전환청구 공시

2. 주요내용	6. 전환가액 : 9,750원
	7. 전환청구 기간 : 2020년 7월 17일(금) ~ 2023년 5월 17일(수)
	8. 전환청구 방법 : 각 증권사 유선 및 지점방문을 통한 청구
	9. 조기상환 조건 : "조기상환청구권 행사기간" 개시 (2020.07.17) 이후 연속 15거래일 간 "발행회사"의 보통주의 종가가 전환가액의 140%(13,650원)를 초과하는 경우 회사는 미상환 잔액 전부를 대상으로 조기상환권을 행사할 수 있음.
3. 결정(확인)일자	2020-07-16
4. 기타 투자판단과 관련한 중요사항	
- 전환청구 기간 중 당월 1일부터 15일까지의 전환청구분은 합산하여 당월 말일 까지 상장 완료하며, 당월 16일부터 말일까지의 전환청구분은 합산하여 익월 15일 까지 상장 완료합니다. 단, 명의개서대행기관인 한국예탁결제원 증권대행부와 한국거래소 등 관계기관과의 협의에 따라 연장될 수 있습니다.	

현대로템은 전환청구 기간 하루 전인 7월 16일에 위와 같은 공시를 했다. 전환청구를 하려면 각 증권사에 유선이나 방문을 통해 가능하다는 점이 우선 눈에 들어온다. 편하게 HTS나 MTS로 전환하는 것은 불가능하다. 그렇다고 이게 번거롭다고 주식으로 전환하지 않는 투자자는 없을 것이다.

공시의 하단 문구가 핵심이다.

요약하면 1일부터 15일 사이에 전환청구를 하면 15일 뒤인 말일까지 주식 입고가 될 것이고, 16일부터 말일까지 전환청구 하면 다음달 15일까지 주식을 받을 수 있다.

공개모집한 사채라서 사채권자가 너무 많고 청구가 계속 들어올 테니 기간을 끊어서 주식으로 입고해주겠다는 것이다.

이렇게 되면 일부 채권 보유자는 기간에 따른 불확실성을 느낄 수 있다. 현대로템은 철도차량과 탱크나 장갑차 같은 방산 물자를 제조하는 회사인데, 그동안 주식시장에서 대북관련주로 분류되었다. 방산주가 대북 관련 테마주가 되는 것이 아이러니이긴 하지만, 아무튼 북미정상회담 때 주가가 큰 폭으로 오른 경험이 있다. 반대로 남북관계나 북미관계가 악화되면 주가가 급락하는 경향이 있다. 그러다 보니 전환청구하고 국제정세에 따라 주가 변동성이 클 수 있으니 조기에 매각하려는 투자자도 있다. 또는 정말 급전이 필요해서 매각할 수도 있을 것이다.

채권시장에서 전환사채를 매수하려는 투자자가 있다면 득실을 잘 따져보기 바란다. 전환사채를 15,000원에 취득하고, 주식으로 전환한 후 주식이 입고된 뒤에도 최소한 주가가 15,000원 이상을 유지해야 손해를 안 볼 것이다. 그럴 수 있는 기업인지 회사의 실적과 시장 상황을 면밀하게 검토한 후 의사결정 하기 바란다.

부지런하고 겸손한 투자자로 만들어주는 평생 사업, 공모주 투자

회계법인에 근무하면서 많은 동료들이 자기계발을 위해 외국어와 다른 분야의 공부에 매진할 때 필자는 10년 넘는 세월을 주식투자에만 몰두했다. 자기계발을 통해 조금 더 좋은 직장과 더 많은 월급을 받는 방법 역시 좋지만, 필자에게 최고의 자기계발은 오로지 재테크였을 정도로 기업가치 분석과 주식투자에 미쳐(?)서 살아온 것 같다.

성과를 내고 주식투자를 잘한다고 소문이 나면 주위에서 항상 듣는 말이 "그래서 뭐 사야 돼?"였다. 같은 사람에게 한두 번 물어

보고 투자해볼 수 있겠지만, 소중한 자신의 돈을 남의 말만 듣고 평생 투자할 수는 없는 노릇이다.

직장생활을 할 수 있는 기간은 점점 짧아지고 삶은 점점 길어지는 시대다. 급여를 쪼개 저금을 해봤자 이자수익은 너무 미미하다. 내집 마련은 여전히 요원하고 사교육비와 생활비는 갈수록 치솟고 있는 힘든 시대를 살고 있다.

이런 시대에 살면서 월급 이상의 가욋돈은 반드시 벌어야 할 정도로, 재테크는 누구나 해야 하는 평생사업이라고 생각한다. 다양한 재테크 방법이 있지만 누구나 따라할 수 있고 가장 안정적으로 돈을 불려 나갈 수 있는 방법이 바로 공모주 투자이다.

공모주 투자가 특히 좋은 점은 나를 부지런하고 겸손한 투자자로 만든다는 것이다. 증권사 계좌 개설부터 청약정보 확인, 투자설명서 분석, 자금 이체, 청약, 환불, 매도까지 일련의 과정에 생각보다 시간이 많이 들어간다. 그렇게 부지런하게 청약을 했음에도 불구하고 청약 규모가 작아서 얻는 수익이 적다고 낙심할 수 있지만, 항상 고마워하는 마음을 갖기를 권한다. 왜냐하면 오랜 기간이 지난 후 티끌이 모이면 태산이 된다는 것을 깨닫게 되기 때문이다. 이것은 필자가 적은 돈으로 공모주 투자를 시작했던 2007년 이후 14년간의 투자로 이미 경험했다.

공모주 분석을 계속해서 하다 보면 나중에 주식투자를 하는 데에도 많은 도움이 된다. 한번 분석해놓은 기업 이름과 사업내용은 오래 기억되기 때문에 투자 기업과 산업에 대한 아이디어가 많아져 주식투자 때 좋은 기회를 많이 만들 수 있게 된다.

공모주 투자는 은행이 아닌 나 스스로 해 나가는 평생적금과 같은 것이다. 1년에 수십 번의 공모주 청약을 하고 매도를 하면서 돈을 쌓아가다 보면 어느새 적금처럼 불어난다. 중간에 잘못된 판단으로 손실이 발생한다고 해도 다른 이익으로 충분히 메꿀 수 있다. 원금이 줄어들 가능성은 거의 없고 누구나 시중금리 이상으로 안정적으로 불릴 수 있다. 이는 소위 '스노볼 효과(Snowball Effect)'와 맥을 같이 한다. 적은 원금에 이자가 붙고 그 이자에 또 이자가 붙는 복리 효과를 통해 나중에는 큰 자산이 된다는 얘기인데, 공모주 투자가 바로 그러하다.

공모주 투자로 10만 원을 벌어서 기분 좋다고 맛있는 음식을 사 먹거나 100만 원 벌었다고 가전제품을 바꾸기보다는, 그 번 돈을 계속 공모주에 재투자하다 보면 투자 원금이 커져서 얻는 수익 또한 급격히 늘어나게 된다. 투자의 귀재 워런 버핏은 막대한 부(富)를 창출했지만, 정작 그 부의 99%는 그의 나이 50세 이후에 이뤄낸 것이다. 누구나 오랜 기간 눈덩이를 굴린다면 버핏처럼 거대한 눈사람을 만들어낼 수 있다.

유대인의 유명한 격언 중에 "물고기 한 마리를 잡아주면 하루를 살 수 있지만, 물고기 잡는 방법을 가르쳐주면 평생 동안 먹고 살 수 있다."라는 말이 있다.

지금까지 뉴스에 자주 오르내리던 대형 공모주 위주로 투자를 했다면 앞으로는 이 책 한 권으로 공모주 투자 방법을 완벽히 마스터하여 평생 물고기를 잡을 수 있는 지혜를 얻기 바란다.

카카오게임즈, 빅히트엔터테인먼트, SK바이오사이언스 등 이름만 들어도 설레는 유명 대형주가 줄줄이 상장을 예고했고, 스타트업으로 출발한 기업들도 어느덧 유니콘으로 성장하여 상장을 준비 중이다.

SK바이오팜 같은 좋은 기회를 놓쳤다고 전혀 실망할 필요는 없다. 이렇게 수많은 우수 비상장기업들이 상장 채비를 마치는 대로 줄줄이 우리 앞에 선보일 것이다.

이 책을 읽는 독자들 모두 항상 공모주 시장을 주시하고, 상장 일정에 맞춰 투자 전략을 세워 높은 수익을 거두기를 기원하며, 여기서 마무리 짓고자 한다.

투자자들이 가장 궁금해 하는
10개 업종별 재무제표
분석 노하우를 담았다

박 회계사의
재무제표로 보는
업종별 투자전략

박동흠 지음 | 값 25,000원

15년간의 기업 회계감사 및 경영자문 경험과 투자를 위한 사업보고서 분석을 바탕으로,
통신, 유선방송, 광고, 게임, 항공사, 엔터테인먼트, 카지노, 자동차 렌탈, 여행사,
지주회사 등 투자자들이 가장 궁금해 하는 10개 업종의 재무제표 분석 노하우 수록!

● 누구나 쉽게 접근할 수 있고, 다양하게 활용 가능한 핵심자료 활용법 소개
● 투자를 위한 기업 분석에서 꼭 필요한 회계이론을 기업 사례로 알기 쉽게 설명

박 회계사처럼
공모주 투자하기

초판 1쇄 발행일 2015년 10월 12일
초판 4쇄 발행일 2019년 12월 10일
개정판 1쇄 발행일 2020년 8월 31일
개정판 2쇄 발행일 2021년 3월 12일

지은이 박동흠
펴낸이 박희연

펴낸곳 트로이목마
출판신고 2015년 6월 29일 제315-2015-000044호
주소 서울시 강서구 양천로 344, B동 449호(마곡동, 대방디엠시티 1차)
전화번호 070-8724-0701
팩스번호 02-6005-9488
이메일 trojanhorsebook@gmail.com
페이스북 https://www.facebook.com/trojanhorsebook
네이버포스트 http://post.naver.com/spacy24
인쇄·제작 ㈜미래상상

(c) 박동흠, 저자와 맺은 특약에 따라 검인을 생략합니다.

ISBN 979-11-87440-65-9 (13320)